U0111730

大展好書　好書大展

品嘗好書　冠群可期

少林功夫⑩

少林瘋魔棍法闡宗

馬 德 著

大展出版社有限公司

序 言

▶▶▶▶▶▶▶▶▶▶▶▶▶▶▶▶▶▶▶▶▶▶▶▶▶▶▶▶▶▶▶▶

　　甘肅地處我國大西北，是古絲綢之路的重要通道，古戰場之一。民風樸實，強悍尚武，爲西北武術的形成與發展奠定了基礎。甘肅武術在長期傳習中形成了內容豐富、特點突出，具有代表性的「八門拳」派體系。其主要內容由拳術和器械兩大部分組成，套路不下數百種，是中華武苑中一朶光彩奪目的奇葩。就其器械部分的棍術而言，又有長短、粗細之分。長者棍（5 尺），短者鞭杆（3.5 尺），細者條子（4.5 尺）。此外，還有梢子、連枷等。棍術在八門拳體系中佔著十分重要的地位。而瘋魔棍術就是其中傑出的代表之一，它內容豐富，風格迥異，深受廣大習武者的喜愛。

　　瘋魔棍整套分爲十八趟，從東、西、南、北、東南、西南、西北、東北、天、地十個方位佈局，進行走棍演式，極盡其變化。其中，又以「轉、撥、攔、挑、戳戳、劈格撩、梢把打、陰手著著」等十六字要領爲該棍之靈魂；以劈、紮、提、涮、攔、撂、搬、點、扣、扭、插、塞、砸、撩、掄、掂、蹾、格、飛、挑、轉、滾、掛、撥等二十四法爲其棍法精華所在，貫穿於整個套路之中，形成了瘋魔棍迅疾、潑辣、屈收、開合、剛勁有力的獨特演練風格，和劈、戳、

搬、砸、撩、掃、封閉、攔拿、紮挑的棍槍合一技擊特點而飲譽武壇。

馬德先生出生於武術世家，自幼受家學的薰陶，摯愛武術，天賦極高，盡繼其家傳之學。及長痴心不減，遂又多處求教，技藝日漸精進，尤對瘋魔棍更有獨到之處。「功夫不負有心人」，經過數十年的刻苦磨練和潛心研究，終成大器，結出了纍纍碩果。「瘋魔棍」與未曾面世的四趟「瘋魔鞭杆」、鞭杆「探海十八手」，及傳世極少的鞭杆套路「五陰、七手、十三法」集成《瘋魔棍法闡宗》一書問世了。真所謂是：「寶劍鋒從磨礪出，梅花香自苦寒來。」我相信《少林瘋魔棍法闡宗》一書的出版發行，將對西北棍術的傳播與發展有著積極的推動作用。

我在這裡以一具武林同道的平常心對馬德先生表示衷心的祝賀，祝願他「百尺竿頭」再進一步，望有更多的佳作問世。是為序。

甘肅省武協主席
郝心蓮
于金城

4

自　序

▶▶▶▶▶▶▶▶▶▶▶▶▶▶▶▶▶▶▶▶▶▶▶▶▶▶▶▶▶▶

　　家父王兆基，少時師從武威楊文俊先生習武，因家父聰慧、身材高大且力大過人，深得先生偏愛，盡授其藝；尤精長短棍術、大杆子、大槍、條子等。藝成，於 1936 年由武威抵蘭州謀生定居。一次與當地武術界名家劉占彪發生口角，劉仗人多勢眾，步步緊逼，得勢不讓人；結果被家父打翻且傷重。因劉與蘭州警察五分局（現蘭州市文化宮南部舊址）有關係，家父被扣押而不得脫。劉被打一事在當時蘭州武術界爲之一震。

　　馬金山先生（常用名馬忠，同仁稱妥爸）臨夏八坊人氏，出身武術世家，親眼目睹了家父與劉相搏的情景及不合理的結局，便仗義以五十塊大洋（這在當時是一個相當可觀的數字），將家父從「五分局」保釋。從此二人過往甚密且勝過親人。其後在武事方面的談論，特別是對西北地方拳種的多種長、短棍法及大槍、條子的研究甚爲痴迷。其中尤以「瘋魔棍」、「瘋魔鞭杆」，鞭杆「探海十八手」、「五陰」、「七手」、「十三法」，鐵門閂，陰陽門及仙鶴條子等諸多方面的研究探討更加深刻，家父受益匪淺。數年後結爲父子之情。因馬老嗣後無人，爲報答知遇之恩，更好地繼

承武藝事業，家父將本人過繼給馬老爲義孫並改姓馬。兩姓合爲一家生活在一起。

至此，家中對上述長、短棍及其他一些拳種套路的研練已成不可缺少之事。平時，特別是飯後茶閑之時，常來一些武林中好友與家祖談論武事，那執著與痴迷，深深地影響了我。家父因受上述被扣押之事的刺激，加上舊傳統觀念的影響，所以在我十歲開始習武受藝時，便對我嚴厲訓誡，不許張揚、爭強好鬥，不許輕傳輕宣。並常說：「包藏貴似金，顯露淡如水。」因此，時至今日，「瘋魔鞭杆」、「探海十八手」等套路一直未能面世。

我認爲武術爲國家民族所有，應發揚廣大。因此，八十年代本人在《武魂》雜誌相繼發表了有關「瘋魔棍」的部分文章，受到國內外同仁的歡迎與好評。《武魂》雜誌以「千呼萬喚始出來」來評價它的發表。說明「瘋魔棍」聞名於世已久，特別是在西北地區盛行流傳，自清末至今已逾百年以上。因此，民國南京「中央國術館獨創瘋魔棍」一說，純屬個人杜撰！

西北，陝、甘、寧、青、新諸省地，特別是蘭州等地區，拳種較龐雜，內容卻很豐富。拳械套路約有百多種以上。自清末以來，尤以常巴巴（回，人愛稱常巴巴爺，明開國大將軍常遇春之後。）來蘭州所傳「八門拳」爲主，廣爲流傳西北各地，亦最爲普遍盛行。先後湧現出了不少武林高人，就蘭州地區而言，如：楊三爺、八大王、金背河馬、馬金山、快腿張發奎、張新橋、楊懷洲（「瘋魔棍」在蘭傳人之一）、西北棍王——王天鵬、甘州王——王延明等，都是個個武藝過人、人品俱佳、謙和容人的武林中高手。他們尤

其在長、短棍方面造詣很深。

　　在西北武林同仁中，當時長、短棍，條子的技擊、演練水準之高已成風尚。這裡地處邊陲，但民俗樸實，能善客待人，因此各地高人多聚於此。

　　武壇有「東槍西棍」之譽。為使所學長、短棍，條子能得以較好地完善，發揚光大，本人十數年間不懈努力，屢赴武威、張掖、酒泉、臨夏等地與武術界同仁、親朋好友交流溝通，發現並認識體會到西北地方拳種的器械套路中，長、短棍，條子的內容之豐富、技擊之巧妙、組合之完美、編排之合理確實令人嘆為觀止。不論是練還是看，都是一種美的享受。如像「黃龍棍」、「盤龍棍」、「群羊棍」、「蒲團棍」、「仙鶴條子」及一些多不流傳的「鞭杆」套路等等，本人從中受益匪淺。

7

　　為使所學為同仁提供相互探討研究及更好地流傳，也為防止將別家拳種冠以自家名稱而竊為己有之劣行發生，此次初步將已發表過的「瘋魔棍」部分予以補充整理，並將「瘋魔鞭杆」、「鞭杆五陰、七手、十三法、纏（探）海十八手」及探海十八手內 1～8 手之 1.「畫龍點睛」、2.「易如翻掌」、3.「玉女穿梭」、4.「莽蛇出洞」、5.「青龍戲珠」、6.「探海取珠」等也予整理配圖解析。

　　「瘋魔鞭杆」系套路，「五陰、七手」係單招組合的短小精悍的小套路，「十三法」、「探海十八手」係單招演練手法。它們編排組合的招法內容基本出自瘋魔棍中的精華，它們的調把、交手換勢等方面都有勁順力到，變化巧妙無窮，神出鬼沒，渾然一體，精悍成韻的感覺，實妙不可言。

　　此次同道好友、學生等鼓勵支持我將其一定整理出版，

以免散失，而成憾事。我想這對上述鞭杆之內容一知半解或不甚了解者、了解一二者及知其內容想了解者，都會有加深了解、研究、探討的價值。

爲使同道、好友更好地研究掌握，本人計劃用光碟、錄影帶的現代方式演練錄製講解，達到方便、清楚細致之目的。

我平生以平常心做事。古人云：「文以評心，武以觀德。」這是每個常人應具備的品德。冊子裡面收進了我十多年來發表和未發表的一部分文字，僅供同仁今後在討論有關因托古、臆造所帶來的麻煩時，可以資考證，會不無好處。雖如此，托古、臆造的弊病至今在一些武術雜誌、書刊中仍然時有發生，可謂憾事。

8

我的恩師、著名學者、同事稱以關夫子者關意權先生生前題贈了我這樣兩句詩「靈藥非擅市，佳果不在花」來評價我，我平生足矣。其後中國書協理事、中國書協學術委員、甘肅省書協主席、省畫院院長趙正先生（筆名黎泉）以此兩句贈詩書贈了我，《甘肅畫報》也曾以此兩句詩爲題介紹我的諸多方面，我深感人生眞誠的價值。原《武魂》雜誌主編沈理然先生，我不曾相識，他支持了我，我深深感到他是一個職業道德高尚的人。他的難能可貴，我將終身不會忘記。總觀天下今昔，良師難遇，益友難結，高徒難得，是得人之「三難」也。非無其人，而違其時難與焉，無其力難與焉，是機會之「三難」也。是以立雪經日，寧教程門，西行千里，問禮老聃。因千古之美談，亦人生之緣慳。吾今者生逢其地，得其時，誠得遇衆賢者，緣何，答曰：誠心、德性、知遇更相知相識。

　　七十年代初，有幸結識了「吳式太極拳」第三代傳人張雅泉先生，人寬厚善良，不喜張揚。隨後投其門下並完全專心於太極拳的研究，至今鍥而不捨。我深信太極拳是當今人類最好的活動、休息方式之一。它最終會被世界人民所接受。

　　健體強身，修行養性，要隨和自然、輕鬆、愉快、心情舒暢；萬萬不可有奇思異想。生老病死是規律，不可違抗。人生短暫，當自善善人；究極科技，參證大化，放手太空之外，何樂而不爲。

　　我平生告誡學生，教人事小，誤人事大，萬不可欺人誤人；文武之道要堂堂正正，不可行如鼠類，讓人喊打。宇宙無窮，人生短暫，本身就是悲哀，人當以善爲本。

9

　　他們對我此前文章的發表和小冊子的完成，都給予了極大的熱情支持和幫助，他們深明大義，做人的正氣尤爲可貴，始終在鼓勵我，使我很受感動，我永遠銘記。

　　我將以我終身喜愛的收藏、醫道、太極、長短棍爲伍，以謝世人同道。

　　我自知小冊子文拙且淺陋，錯誤缺點不少，誠望同仁教正。

　　　　　　　　　　　　　　　　馬　德
　　　　　　　　　　　　　　于宅舍

少林瘋魔棍法闡宗

10

目　錄

>>

12

蛟龍翻身

倒搬槳

太公釣魚

孤注一擲

跨虎蹬山

大開四門

觀音倒坐蓮台

高探馬

14

判官脫靴

倒打金鐘

左右展旗

鐵扇子

棍之概說

>>

　　武術的內容很豐富，有十八般武藝之說。器械之宗又當推棍。明何良臣著《陣記》一書中〈技術篇〉記述：「學藝先學拳，後學棍。拳棍法明，則刀槍諸技特易易耳。所以拳棍為諸藝之本源也。」《武備志》云：「諸藝宗於棍。」因此，「武術器械之宗又當推棍」之說不無道理。武術器械中所有長兵器都是在一根棍的一頭或兩頭裝有不同造型的兵刃而區別其種類名稱；不同兵刃的使用技法又都脫離不了棍的基礎，在棍法的基礎上千變萬化。

15

　　我自幼喜歡長短棍術，因為在武術器械中，長短棍最好使。它兩頭（梢與把）沒有任何裝點，使用起來變化自如，得心應手，威力無窮，又樸實易得。常言棍如猛虎，又曰棍如雨，棍打一片等等，說明了它的威力。

　　在武林中，粗獷樸實憨厚的西北漢子，普遍選擇了長短棍的演練，蔚然成風，並極大地發展豐富了長短棍術的演練內容和技法特點，所以，長短棍術在西北諸省特別盛行，尤其在甘肅諸地更為普遍。因此，武林中有「東槍西棍」之說，不無道理。

一、長短棍練法淺談

棍法演練一般包括折子、掄子、舞花（舞花又包括正舞花、順舞花、倒舞花等）、溜手、盤樁求功法等進行；同時也有專門的「排子棍法」，是二人對練的一種方法。

二、鞭杆演練法則與求功

作為具有西北地方特點的武術器械短棍——鞭杆，它主要具備了粗獷迅猛、快捷、大開大合，吞吐伸縮有度，其技擊法內容十分豐富，變化多端，達到了無中生有的妙韻。

鞭杆套路基本都是由單招技擊法組合而成。因此，在學習演練鞭杆套路時，要拆開逐招逐勢的演練領會，其效果更佳，領悟更深；如四趟「瘋魔鞭杆」的組合內容都是由單招組合而成，其開勢頭三鞭即是單招「化子挾棍」的一種，是技擊性極強且狠準的一種鞭杆技擊法，在學習演練的過程中根據自己的身型特點，體會領悟演練實踐。但也不是「死法」，而是「活打活用」。

如這三鞭出手技擊，根據正前彼方的具體情況：①可以由後向正前飛速快疾劈出；②可以由後向前迅猛快疾平掃過去；③也可由後向側前迅猛快疾斜劈。當然在劈出的同時擰身轉步、吞胸拔背、甩頭調面、交把換手時會在技擊變換中無窮盡的盡情發揮，當然是彼變我變。

鞭杆的演練必須首先要弄懂其中主要的單練手法；如：搬、砸、扭、扣、劈、挑、撥、撂、雲、飛、插、敦、點、

提、捹、掃、紮等等。而其手法又必須在鞭杆所應具備的基本功上著手配合演練。如：溜手、交手換把的過程中交替變換其單練手法，逐個變換演練使用。要達到十分熟練，得心應手，變換自如迅猛快疾，隨心所欲而準狠的程度，其變招換勢的每個技擊法的應用發揮又需達到完整一致的「整體勁」效果。

也就是說，全身頭、肩、肘、胯、膝、手、眼、身、步、法都為技擊的一招一勢配合服務，達到最佳的技擊效果。「活打活用」又是必備的條件。而僅僅達到上面所述鞭杆應具備的手法，演練變換的熟練程度還遠遠不夠；更重要的是求功，也就是在技擊實踐中所能發揮出的打擊強度效應和自身所能承受被打擊的強度能力。否則，技法演練的純熟也好、技擊變換手法高超也好，在接招還招的實際過程中，會是不堪一擊的空架子。花拳繡腿，好看而已。

為此，以下談談幾種簡單易行且施之有效的求功方法供同好參考，不無好處。

於此介紹家傳有關「盤樁」、「攪槽」、「紮垛」的三種求功方法如下：

（一）盤樁

1.過去一般在樹林深處，於樹杆上進行斜劈、上提、橫掃、上下刷杆、左右碰撞、扭打、翻砸等進行求功演練，以增強腰、背、臂、肩、肘，特別是手與腕的撞擊後的承受能力。（現在於樹林杆上不能，以示環保意識。）

2.在適當的環境中，栽以約 30 公分粗細、1.80 公尺高低的木樁，做如同在樹杆上求功演練的方法。

17

（二）攪槽

在型同馬槽大小的盛具內，放進與大豆粒大小石籽，細沙拌勻，約半槽深，以橛頭把或鐵鍬把，用雙手握之進行攪拌。動作幅度要大，伸腰展臂，隨勁順勢甩頭調面，以助功力。

（三）紮垜法

將麥草一捆捆紮緊，一層層堆積成高約 1 公尺、粗 80 公分的圓草垜，在其上用長短棍做劈、砸、掄、掃、提、紮、拉出的各種有效動作。以求暗與柔的合勁功力，其效不可低估。

以上演練求功之法，不可缺少，也很重要，否則成了花拳繡腿，經不住與人接招還招，發生把脫棍飛的後果。

以上這些演練求功方法，可與同道求教，他們會有更好且有效的方法。我們也將採用現代科學方式來演示，以利相互學習。

三、法則解析及其它

1. 轉身運棍時要鬆肩活肘，以腰帶肩，棍隨身。
2. 插步掛棍時要擰身轉步。
3. 撩棍斜上幅度要大，力點準狠，身械協調。
4. 上搬下推要協調一致，蹬伸有力。
5. 抽棍敗勢，要有搖身閃擺、提胯之像。
6. 攪棍迅速有力，力達梢端。戳棍中平。力透棍尖。

7. 劈挑幅度要大，要鬆肩活肘。

8. 腕臂鬆抖適時，棍到勁出，寸勁方顯。

9. 掄棍時，肩、臂、肘、腕要鬆活，棍貼身隨步而走。立掄要迅猛快疾。

10. 挑棍要放長挑遠，棍幅要大。

11. 劈砸要有力，棍隨身落。

12. 雲棍在頂，速快而猛，送肩伸臂，活腕交手調把，變換神速，橫掃一片。

13. 揭棍時下砸上提要快速，一氣呵成。

14. 劈棍幅度要大，力求棍打一片，劈擊要快。

15. 雲撥要連貫圓活，橫擊棍高與胸腹平。雲撥在移步換勢時腳不能高抬。眼隨棍走。

16. 大剪、小剪：兩棍相交於中段為大剪，相交於前端為小剪。不論大剪、小剪，相遇絕不能以死法相對，要隨機應變，不能力敵，則要智取，方為上法。

17. 虛實各異。虛則以惑對方之勢，實則擊也。

18. 棍至對方頭部，成傾斜勢下為剃。

19. 左右轉動手腕，使對方棍不得進身為滾。滾法隨勢而動，隨勢而變。

20. 防左側棍為撥，防右側棍為攔。

總之，不論長短棍法，要應用的得心應手，變化無窮，巧妙神速，必須要有上好的手、眼、身、步法的協調一致相配合，方能達到較理想的目的。

有關學習下例棍術鞭杆組合配圖解析的提示

如果僅僅按照下面單線配圖解析說明來領悟、理解單練

19

和套路內容的要領，是不能真正理解和領悟並取得應有的真實效果的。

配圖僅僅是表現演練運動靜止的死線條，也只是僅僅領先依靠線條箭頭所指示的走勢路線方向及過程的動作組合而已。線條不能也不可能表現身體在運動過程中，集各部位（頭、肩、肘、胯、膝、手、眼、身、步法）爆發的整體勁與整體效果，更不要說表現內在的吞吐、氣與力內涵的結合所表現出的效果；文字也很難完美全面地表述整體組合、協調一致、拳理很深的那種巧妙所在。

文字解說，只能利用較適當的詞匯說明其中的某些問題關鍵所在及要領和注意事項。要真正達到領悟並融會貫通的效果和目的，文字實在難以完整完美地表述。加之體型各異、性格等諸多方面的不同，因此，演練的表現方法與效果也不同而各異。

悟性（常說的「天份」）的差異，制約了領悟學習和演練的理解效果。我教授學生幾十年，學生有一個共同的感受，認為我耐心、認真，動作規範容易接受理解；但在效法我所表現出的整體效果方面，特別是要達到那種勁順力到，身械協調，融會貫通，一氣呵成的巧力妙勁的韻味，總是難以如願。這屬於悟性深淺的問題。

但是，僅僅有悟性還不夠，更重要的是要有執著，不怕吃苦的精神意志與信念。在實踐中點滴領悟，摸索、體會反覆理解；結合自己的實踐，不厭其煩地反覆理解，請教指導，甚至不恥下問，不會不成功。

在學習下例棍術和鞭杆組合的內容時，只要喜歡，可根據自己的身型特點和演練習慣，堅定信心，慢慢走招演勢、

體會摸索，逐步達到領悟貫通。即棍隨身走黏手自如，倒手換把得心應手，隨心所欲變招換勢，從而逐漸變成自己的演練風格特點。拳種套路歷來就是在生活的實踐中，從實踐總結到理論再實踐的。沒什麼迷信的東西，對自己只要有信心，終會成功。

　　配圖解析的下例棍術和鞭杆組合內容，在學習時不能依樣畫葫蘆，死守不變，要變才能活。所謂變，就是將各個單練及套路中的招勢、手法相互串連，反覆組合演練，串來串去沒完沒了，根據自己的風格特點，活打活練活用，會越練越靈，變化無窮；年長日久會功夫不負有心人，在苦練中會產生意想不到的極佳效果。會達到身械協調、勁順力到、靈活自如、融會貫通、得心應手，而終成大器。

少林瘋魔棍法闡宗

22

第一部分 瘋魔棍

>>>

一、瘋魔棍概說

瘋魔棍是少林棍法的一種。其套路由：天齊、天門、瘋魔、紐絲四大部分組成。各部分都能獨立存在，因此有「天齊棍」、「天門棍」、「瘋魔棍」、「紐絲棍」的獨立流傳。全棍共七十二趟，三百六十棍（招法動作），十掄八折（十種掄法，八種折法）。內藏二十四法（劈砸掄格折連環，轉撥蓋撩雲翻翻，滾掂趷撅搬倒山，攔挑飛揭圈裡圈，抖拂點紐梢把連。）（單練）。其十六字要領為：「轉撥攔挑戳戳，劈格撩，梢把打，陰手著著。」套路按很嚴格的「東、南、西、北」「東南、西南、西北、東北」方位，即：「四面八方」走招演勢，並「捅天打地」（共十個方位）無所不打、不點、不指。以棍法槍法融為一體。其演練佈局和動作招勢的獨特與別家棍法不同。如其中「腦後一窩蜂」、「珍珠卷簾」、「摘心畫眉」、「太公十八手」、「夜叉探海」、「烏龍串塔」、「黃龍脫甲」、「老虎大撅尾」、「倒搬槳」、「二回頭」、「鎖裡撥簧」、「老和尚

披袈裟」等等都是很別致的棍法槍法。其要求神速凶猛而巧健，且要求練出棍法獨特的自然活潑之神韻。變化異常，且惟妙惟肖而不「瘋顛魔瘴」。

與少林白眉棍法（也稱五十五手棍）的動作招勢有許多共同的風格特點。在演練的過程中，以「望文生意」、「顧名思義」的方法去以「醉棍」、「醉拳」之「醉態」推理「瘋魔」二字是非常錯誤的。「瘋魔」二字是避此棍橫掃「東南西北」，惡劈「四面八方」並「捅天打地」，對天地方位不尊之忌而取名。

因「瘋魔棍」棍名時有竊名、臆造、托古的現象發生，故引證一段歷史文字來證明此棍的淵源。民國姜容樵著《少林棍法》自序云：「按少林棍法，肇始於隋。大業中，寺僧以棍破群盜，由是遂以少林棍名天下。唐宋以來，代有傳人。其時所傳，僅順把十八棍，後發明陰把三十二棍、六十四棍，即今群羊棍、齊眉棍、瘋魔棍、行者棍是也……」《序》中起碼能看出瘋魔棍傳世已久。順便錄「瘋魔棍」譜訣的部分句子如下：

　　　　瘋魔英雄少林藏，跨虎蹬山棍中王，
　　　　白馬分鬃三股法，左右天齊相對架。
　　　　樵夫擔柴肩換肩，童兒獻茶即拍茶，
　　　　黃龍脫甲騰空去，黑霧蓋頂勢可怕。
　　　　秦王展旗一排兵，神仙過橋二路架，
　　　　要知此棍名和姓，熟記首句走天涯。

楊懷洲先生於民國初年，因人命官司由甘肅慶陽輾轉避地於甘州（今甘肅張掖）、涼州（今甘肅武威）、蘭州等

地。在各地不同程度地對《瘋魔棍》法均有傳授。在蘭州居住其間，被五泉山紅泥野人張新橋（武術名家）挽留奉食；其後收張新橋、魏老五等十人為徒，給每人傳授《瘋魔》拳械各一種。事前命眾人立案燃香發誓，「立意不能下傳，也不能相互串授，否則甘受殺身報應等」。但其後徒眾背誓相互串授，而且都有傳人。

十人中先後去青海、臨夏諸地，也有被聘前往他地教授者。終因歷史原因，以及思想保守、意識守舊等原因，《瘋魔棍》被支解傳授而很不完整。但上述各地先後湧現出了不少棍中高手名人，如武威的楊文俊，「甘州王」王延明，臨夏的馬金山，蘭州的「西北棍王」王天鵬先生，楊天武、何法僧也是當時的佼佼者。臨夏更是人才輩出。

王天鵬先生自從黃家，誠心苦奔三年有餘，黃家被感動，傳授了鞭杆「五陰、七手、十三法」，其後如虎添翼。武術界名振一時的馬英圖先生來蘭與王天鵬先生欲以試高下，被王天鵬打了個棍飛人斜。其兄馬鳳圖先生因子侄年幼，只好讓妻弟羅文源拜王天鵬先生為師學習棍法。終因種種原因，羅未能得棍法全真要領。

為了讓棍術和鞭杆與同仁見面，達到相互學習的目地，本人於此以配圖解析的形式，把「招勢」、「法則」組合做詳細說明，力求明細易懂、易練，我想是有益的。

需要說明一點，該棍在《武魂》雜誌分期發表時，得到了沈理然先生的關心，對棍術的演練要領等諸多方面的文字內容作了較詳細的解析，此次整理中也一併將解析文字整理進去，我想對本人和同仁都有幫助。

（一）瘋魔棍的演練要領

以獨特多變的「八仙步」法左右全身運動，腰身要靈活，伸腰、鬆肩、展臂、活腕，移步換形，走招演勢要擰轉自如、快速有力、協調一致。自始至終，以腰為軸，發自尾閭，力貫全身，氣止肩俞。肩推肘，肘推腕手，勁到棍走。把法要靈活多變，快速清楚，支點、力點要分明，配合得當。棍隨身變，身隨步移，抖棍貫勁，力透棍端。

（二）瘋魔棍把法、把位

為了對棍的「把法」、「把位」有較準確、簡明的說明，將棍以簡圖分為五個把位：較粗的一頭為棍把，較細的一頭為梢把。即下圖中所示：把位一、把位二、把位三、梢位一、梢位二。

把位 1　　把拉 2　　把位 3　　梢位 2　　梢位 1

把位圖

把法共有 12 種：

（圖 1）為順把。兩手握棍，一手手心向上，一手手心向下，也叫陰陽把。

（圖 2）為陰把。兩手握把，兩手心向下，虎口相對。

（圖 3）為換把。兩手握棍的前後位置，兩手同時滑行，手不離棍變換位置（用手掌上下搓把）。

（圖 4）為滑把。一手握棍不變，另一手在棍上滑行並變換位置。

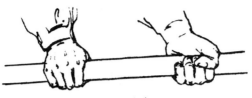

圖1　順把

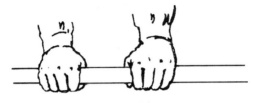

圖2　陰把

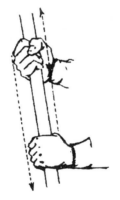

圖3　換把

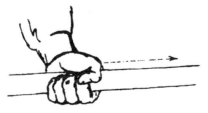

圖4　滑把

（圖5）為脫把。一手握棍不變，另一手滑行脫把。

（圖6）為虎口扣把。棍放於虎口上，用拇指、食指、中指扣棍。

（圖7）為陽把。兩手握棍，兩手心向上，兩虎口向前。

（圖8）為陰手扣把。用拇指、中、食指、無名指相扣，手心向下，陰手扣把。

（圖9）為舉把。雙手緊靠攏握棍端。

28

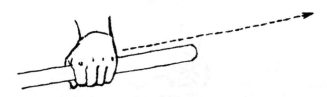

圖5　脫把

圖6　虎口扣把

圖7　陽把

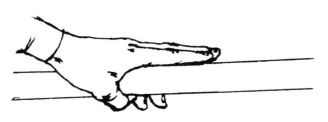

圖8　陰手扣把

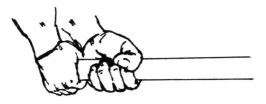

圖9　舉把

圖10　陽手扣把　　　　　　　　　圖11　虎把

（圖10）為陽手扣把。臂向側上伸，手心向上，用拇指、中指、食指相扣，陽手扣把。

（圖11）為虎把。將棍把把根面頂於小指環上，其餘四指緊緊握棍把。

調把：兩手握棍，同時滑行，兩手先後脫把並變換位置一把位。

二、瘋魔棍十八趟解析

縱說千家棍法，莫過於降人以崇。瘋魔自始及今九州武壇，其魔力勁勁。「千呼萬喚始出來」，嚯嚯雄風，西北風尚，何以精髓，「雲裡現身」、「孤注一擲」，憑管窺豹，觀其一斑，悟其全貌。

一　趟

1.雲裡現身

（1）身體正面站立，兩眼平視前方，兩腿站直靠攏，

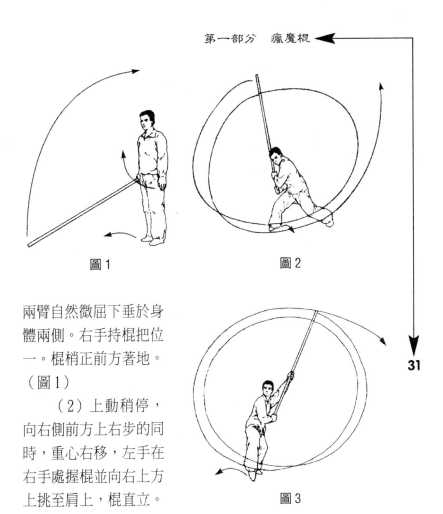

圖1

圖2

圖3

兩臂自然微屈下垂於身
體兩側。右手持棍把位
一。棍梢正前方著地。
（圖1）

　　（2）上動稍停，
向右側前方上右步的同
時，重心右移，左手在
右手處握棍並向右上方
上挑至肩上，棍直立。
雙臂前屈肘，順把握
棍。兩腿微屈膝成八仙步。眼前視左側方。（圖2）

　　（3）上動稍停，右腿回收於左腿前虛步點地，左腿屈
膝，重心後移於左腿的同時，棍梢隨體左轉由右前上方，經
右側向左斜掄一圈半，左手滑於把位三附近。右臂屈肘，左
臂側高伸，雙手順把握棍，置棍於左側前。眼看正前方。
（圖3）

（4）上動稍停，右腿向右側前邁步，棍隨體向右擰轉的同時，棍梢由上向下，斜掄兩圈。擔棍於右肩上，左手滑把於右手處。雙臂屈肘，雙手順把握棍與肩平。兩腿微屈膝，成八仙步。眼看正前方。（圖4）

圖4

【要領】：全神貫注，身隨步轉，腳（不能高抬）敏捷快速有力。棍隨身走，掄撩轉撥要連貫圓活，迅猛快速，力達棍端。

【解析】：「棍打一大片」，在這一棍法中的技擊特點尤為突出。（圖1）的挑棍，就不能與類似的其他棍法相同認識，上挑的意韻，要有擊彼下盤的招法，敏捷快速有力。（圖2～4）右掄棍，一般以為處理這一棍法時，切記利用蹬地擰身的作用，再則，掄棍時要打出力點來。關於力點，可以以棍每次與地觸及處，使棍法變化富有節奏，但不同於單純的掄棍。棍行形變，身形一定充分擰動，給人以風火之感。技術性技擊旨在封住自己下盤。

2.風卷殘葉

（1）右腿蹬伸，左腿向前方上步屈膝前弓，重心左前移成左弓步的同時，身體左轉，棍梢由後過右側向前掄掃。棍端著地。雙臂平伸，雙手順握把。眼看棍端。（圖5）

（2）前動稍停，身體重心向右腿後移直立，同時提起

左腿屈膝貼於胸前，棍由前向上挑起。兩手順握，左手滑把於位二附近不動。置棍把於左膝內側，棍梢朝天，微傾斜於左側，眼睛前視成朝天勢。（圖6）

（3）前動不停，右腿蹬伸，左腿向左側前落屈膝成左弓步，同時將棍梢由上向右、向

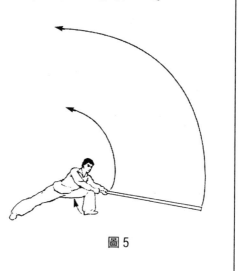

圖5

下、向前、向左、向後平掄一圈，置棍於左腹股溝上。右把前低，左把稍高，兩手順把握棍，兩虎口向後，兩眼平視前方。（圖7）

【要領】：腰身擰轉要靈活，蹬伸落步要輕快有力，上挑下掄要活肩伸臂，快速凶猛，力達棍梢。

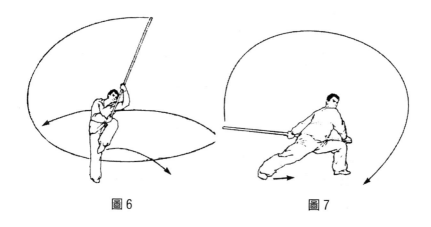

圖6　　　　　　　　　　　圖7

【解析】：「風卷殘葉」為一物象，中國武術素以我境同融，如將（圖4）至（圖7）合起來看，棍法的複雜變化，真如同狂風自棍生。欲得這一佳境，完全賴以淋漓盡致地表現其技擊精質所在。

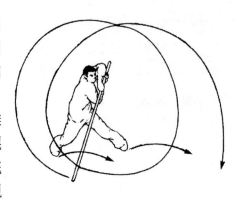

圖8

（圖4）為攻彼下盤棍法，其技巧在於腰的機關。練習時，左腳向左搶步，借此搶步擰腰，猛向左轉擰身，雙腿擰搓，兩手撤棍向左橫掃斜劈下。斜劈下的棍觸地即提膝上挑棍，自橫斜劈上挑變化乾淨俐落。

（圖6）挑起棍後，不留滯止，向右一劃，封擋彼謀我右側之圖。這一棍法，劃得沉穩，不能失其快速凶猛的風格。

3. 力劈華山

（1）前動稍停，右腳向前上半步，腳尖點地蹬伸，重心前移，左膝向前微屈，同時棍法下壓，棍梢由後向上、向前，過頭向下，順右側立掄一圈，兩臂左上右下交叉。棍把朝上，棍梢向下，眼看前方。（圖8）

（2）前動不停，棍梢繼續由右側向後，向上、向前、向下立掄一圈半劈棍，棍梢正前方著地，兩眼前視看棍梢。在運棍立掄的同時，右腿上半步蹬伸，左腿向前跨步成左弓步，重心前移於左腿。（圖9）

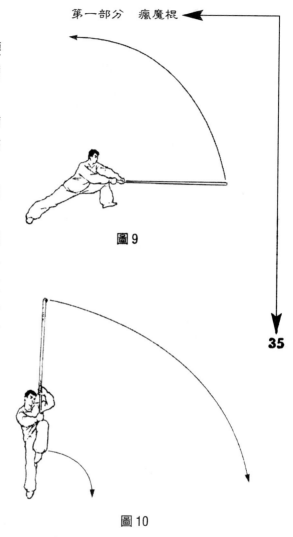

【要領】：腰身擰轉要自如，肩肘腕屈伸要靈活、有力、鬆快。立掄要迅猛快疾，棍貼身走，隨步移動，力貫棍梢，著力點要準而有力。

【解析】：棍自身後向前略斜劈，意在劈開彼取下盤之械，得此一招，搶步向上，揮棍直劈落上、中、下三盤。力點一是在斜劈即地，旋即發全身之力。

4. 丹鳳朝陽

（1）前動稍停，重心後移右腿直立，提左膝貼於胸前，同時棍由下向上挑起。右手棍把頂膝上，棍直立，左手陰手鬆握棍把位二，兩臂屈肘，眼前視。（圖10）

（2）前動稍停，全身向前、向下直撲，同時右腿蹬伸，左腿前落成左側弓步。棍隨身向前下劈砸，棍梢擊地。

圖9

圖10

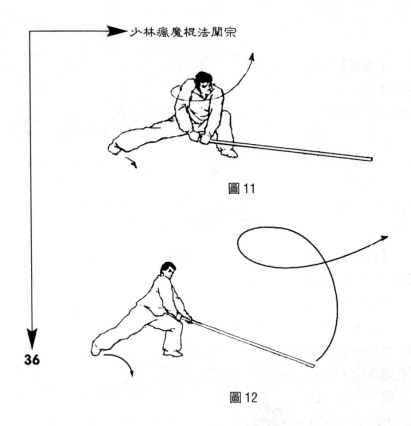

圖 11

圖 12

左手滑把靠攏右手把位，雙手陰把，兩眼前視棍梢。（圖
11）

　　（3）前動稍停，左腳尖向前點半步蹬伸，同時身體左
轉，左手調陽把。重心左移成左弓步。兩臂側前伸，雙手持
棍把並置於左膝外側，棍梢原點不動，眼視棍梢。（圖
12）

　　（4）前動不停，右腳向右側上半步，左腿蹬伸成右弓
步，身體右轉，重心向右移的同時，棍梢由地向上、向左、
向下、向上、向右提掄一圈上撩，雙臂微屈，雙手舉把過
頭，置棍把於右前上方，把低梢高，眼看棍梢。（圖13）

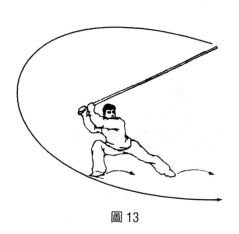

圖13

【要領】：擰轉以腰為軸，動作明快，舒腰伸臂，鬆肩活腕，擰轉要有力，起棍掄撩幅度要大，抖棍貫勁力透棍梢，力點準狠，身械協調一致。

【解析】：提膝挑棍後，利用滑把向下直壓劈。在這一動作後，（圖12）步法變化，對「丹鳳朝陽」這一動很關鍵。

由（圖12）這動棍不動，但身體靠右步的上提形成腰的擰轉，同時，雙手向上搬挑棍，這一搬不宜搬得雙臂過硬直。目的在於，雙手搬棍起來後，左手略一環狀固定棍，右手借勢翻身向內搬攪棍，搬攪的同時，向左擰轉撤棍。技術技擊特點在纏繞對方的棍，帶有崩勁，使其棍脫手。

5. 劈山提水

（1）前動不停，全身向左向前擰轉，右腿向前跟進半步蹬伸，同時左腳向前著地滑出成左弓步，棍梢同時由前經後，經右上方斜劈至前方，兩臂前下伸，雙手順把握棍。棍梢著地，眼看棍梢。（圖14）

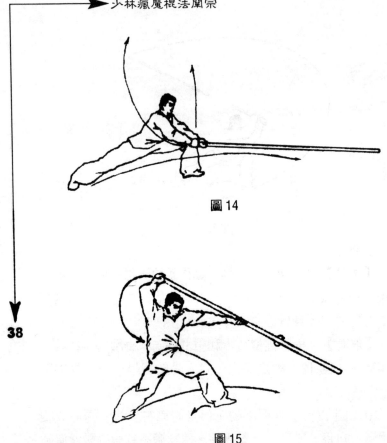

圖14

圖15

（2）前動稍停，右腿向前上步，左腿蹬伸成右弓步，雙手同時向上舉棍過頭，左把滑至把二、三位間，把高梢前低，右臂屈肘，左臂前直，雙手順把扣棍，眼看棍梢。（圖15）

【要領】：擰轉要明快，移步換勢腳不能高抬，運棍時肩鬆肘活，劈砸幅度要大，力求棍打一片。舉棍轉撥要平穩有力，力貫棍梢，依次完成。

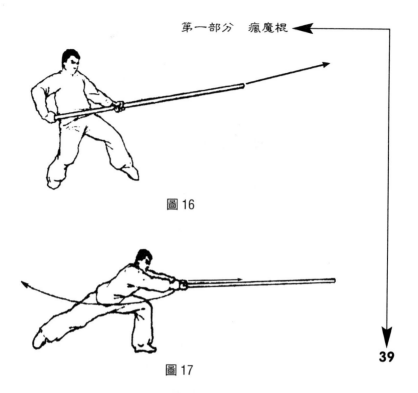

圖16

圖17

6. 指面問心

（1）前動稍停，左腿前提上步點地，右腿後提屈膝重心後移的同時，前把鬆握，雙手將棍擰轉向下內翻扣，雙手順把握棍，棍中平直，棍梢前指，眼前視。（圖16）

（2）前動不停，身體前撲的同時，以左把為支點，右把為力點，同時右腿蹬伸，左腳上步屈膝前弓，成左弓步，右把向前紮出，左把滑至右把處靠攏，兩臂前伸直，順把握棍，眼視前方。（圖17）

【要領】：上步要平穩，蹬伸要有力，肩鬆臂活。棍的擰轉下壓要沉重，紮出要平直有力快速。力達棍端。

【解析】：「劈山提水」、「指面問心」兩招結合，可

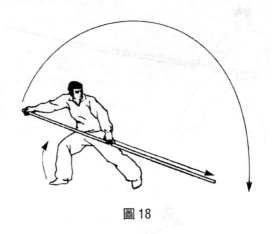

圖18

謂下、中的防守,技擊均含其中。(圖14)劈掃彼下盤,
這樣就棍法而言,擊下盤,攻擊者上盤必然要露與彼,一旦
彼避開下盤,反而從上盤欲謀攻擊者之利。此招攻擊者撥下
格上、中、下均可顧及。另(圖15)的動作還向攻擊者提
供了一個暗機,彼中盤攻攻擊者,攻擊者「劈山提水」的
「提水」,即(圖15),向左外格,或說撥彼械(姑且說
雙棍相爭),僅這一撥,纏住彼棍,翻腕貼彼棍滑進,出現
了(圖16)的「指面問心」,這兩招的實用,其發力剛與
柔相濟,剛則猛、果斷,柔則纏勁不脫。

　　7.打碎金鐘

　　(1)前動稍停,左腿向後蹬伸,身向右轉。重心右
移,右腿屈膝成右弓步的同時,右把向後抽棍,左把前滑,
眼隨棍梢。(圖18)

　　(2)前動不停,右腿向左,向前轉身的同時,左把滑
到棍梢一把位,右把調接於左把附近,棍把由後經右上方向
前、向下斜劈擊地,雙臂前伸,雙手陰把握,扣棍。棍把著

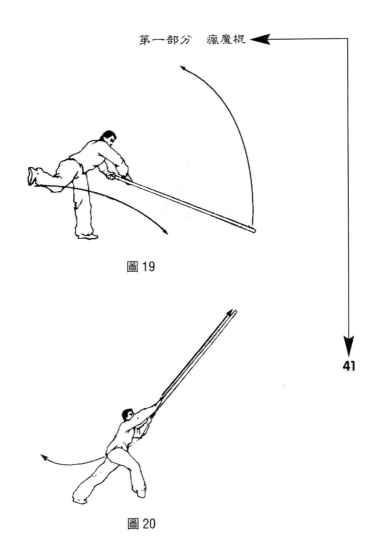

圖 19

圖 20

地，眼視棍把。（圖19）

　　（3）前動不停，向右側方上右步點地，左腿蹬伸，右腿屈膝，腰身向上向右擰轉的同時，雙手將棍把斜飛上撩向上方。兩臂前伸直，順把扣棍，眼看棍把。成「倒打金鐘勢」。（圖20）

圖21

【要領】：擰轉要靈活，移步要敏快自如，舒腰鬆肩，抖臂活腕，下劈上撩幅度要大，勁順力到，力達棍端，方顯寸勁。

【解析】：「打碎金鐘」，即（圖20），鐘自懸掛在上，在棍法中來說，則是攻擊上盤棍法。在這裡其妙在於先調身反把，似乎是一個破綻，關鍵在雖反身握棍，攻擊者右腳向右扣步，身體反擰，就勢反撩棍，突如其來地攻擊彼上盤。

8. 蟒蛇出洞

（1）上動稍停，右腿蹬伸，左腿向左屈膝成左側弓步，重心左移身向左轉，同時左手向後抽棍，右手滑把於把位一，左手換把於把位三。兩臂前後直伸，雙手順把握棍，把高梢低。眼視前方。（圖21）

（2）上動稍停，向右向前擰身提起右腿屈膝，左腿直立，同時右把下壓上翻轉，棍梢由後經左上方向前劈下裡扣。眼視前方。（圖22）

圖22

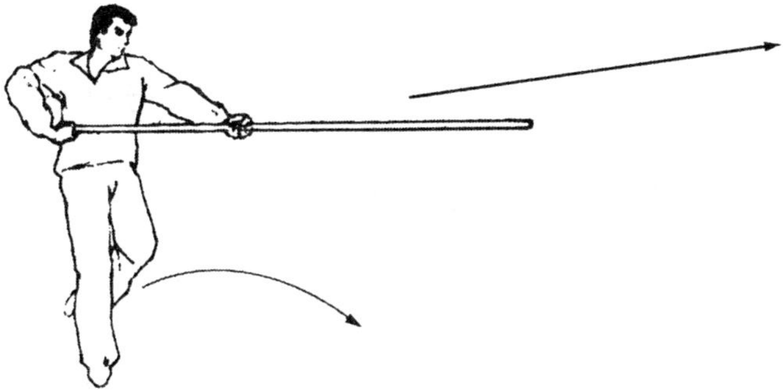

圖23

43

（3）上動不停，右腿向後落半步直立，重心後移，提左腿屈膝，同時雙手持棍作外扣下壓後拉。右臂屈肘，陽手扣棍於右側，左臂前伸，陽把扣棍，眼前視前方。（圖23）

（4）上動不停，向前上左步屈膝（成左弓步），右腿微屈膝，同時身前撲，以左把為支點，右把為力點棿出。左臂直伸，右臂屈肘，棍與胸平。眼視棍端。（圖24）

【要領】：以腰為軸，蹬伸要有力，動作要明快，展腰

圖24

送臂要肩鬆腕活。抽拉、捆扣要閃擺擰轉，劈紮要有力協調，力達棍端。

【解析】：「打碎金鐘」面觀其勢，不愧瘋魔棍法。使出換把的絕活，雖說「打碎金鐘」傾力而出，可左手一撤棍，身稍向後閃，雙手撤棍在手，參（圖21、22），一條蟒蛇竟收而復出，出其不意。但不一定是攻其不備，攻擊者反把壓劈，反被彼接住，順勢向左一攔棍梢，攔開彼中路，再挺棍直取彼中、下盤，恐其又為一怪蛇。

二 趙

9. 孤注一擲

（1）上動稍停，身體180度向後轉身，提右腿屈膝貼於胸前，左腿直立。同時棍梢由後經上向前、向下劈壓，右把後抽，左把前滑，棍平於腰部。眼看棍端。（圖25）

（2）上動不停，身前撲，左腿蹬伸，右腿前落屈膝成右弓步，同時左手脫把伸臂經上掄向後伸直。略高於肩，右

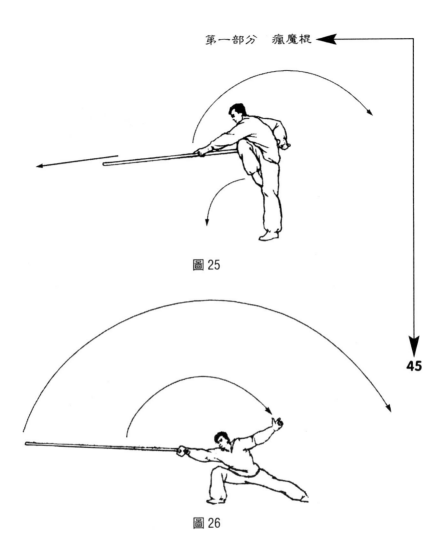

圖 25

圖 26

把將棍從腰部直戳前方。雙臂左右伸直，右手順握棍把。眼
視棍尖。（圖26）

　　【要領】：擰腰轉身，蹬伸屈膝要明快連貫，劈壓捅戳
要快速有力，力達棍尖，點準力狠。身械協調，要一氣呵
成。

圖 27

【解析】：棍打一大片。前面談及換把之技，這在棍術中非常重要。它可以長棍短用，短棍生長。此招「孤注一擲」，雖說反身調把攻擊彼上、中盤，技高一籌，貴在招中生招，如同太極拳所說「勢如滔滔江河，招招不斷，欲不斷招，攻其無反招之機」。這對攻擊者來說，應刻意追求。「孤注一擲」（圖 26）的挺進，就在於反身劈壓後，封彼之械，早已提起的膝向前落，右手攬棍，貼彼械滑進，取彼中盤。

反身壓棍的技法，其力要猛、快，有一種繃開彼械之勢，一般不要與彼器相沾，否則無法滑進。

10. 浪裡挑鯊

（1）上動稍停，右腿向後蹬，重心後移虛步點地，左腿屈膝身體後坐的同時，左臂前伸陰手握把位二，棍梢由前經上向右後猛搬，左手並滑把於棍梢位一，同時右手滑把於位三。雙臂前後伸直，雙手陰把握棍。前低後高，眼視棍尖。（圖 27）

（2）上動稍停，身前傾，左腿經右腿後倒插步於前，右腿屈膝下坐的同時，以右手為支點，左把前送，棍尖擦地

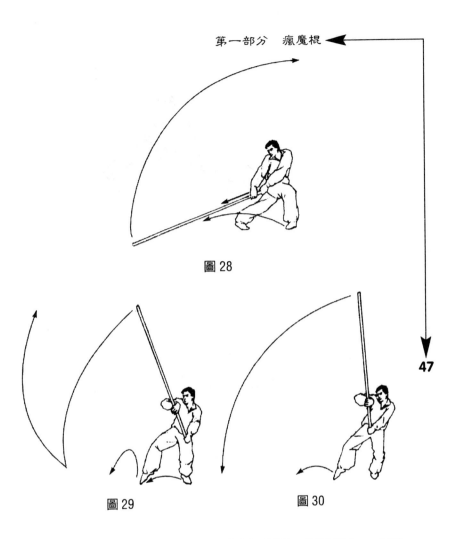

圖 28

圖 29

圖 30

向前戳出。雙臂向下前伸，雙手陰把握棍。眼看棍尖。（圖28）

　　（3）上動稍停，向前上右步，右手前滑於把位二，以左把為支點，右把向回搬拉屈肘貼於胸前。身體後仰的同時，棍尖由地向上挑起並下砸。兩手陰把握棍。眼前視。向前進擠步，重複上動作一次。（圖29、30）

圖 31

（4）上動不停，左腿蹬伸，右腿向前上半步膝微屈，身前傾，同時棍端向前、向下扭打。雙臂向下直伸，雙手陰把握棍。眼看棍端。（圖 31）

【要領】：以腰為軸，擰轉要自如有力，棍隨身起落，鬆肩活臂，調把滑把要靈活明快，扭打搬挑要快速有力，力透棍端，抖出寸勁。

【解析】：「浪裡挑鯊」為數動緊緊相扣的棍，其風格極獨特。（圖 26）戳出一中棍，左手搭棍，雙手陰陽把，猛一較勁，搬棍上挑，同樣是此招，瘋魔棍的精道，就在於這雙手滑把，棍被搬起，可反身插步戳棍，猛攻下盤，一招得手，窮追不捨，崩、挑、砸、戳，人進棍變，其勢均力敵凶猛，銳不可擋。

要領中強調的特點，簡捷明快，要精熟此法，需反覆體察這棍身之間的奧秘。我以為是：雙手把棍不可忙亂，也不能求之細柔，但求招必為用，以用為度，施招變招，萬勿求過。

48

圖 32

11. 蛟龍翻身

（1）上動稍停，身體向左轉半圈重心左移，左腿微屈膝，左腳尖向前點地右腳內收。棍端微上掂的同時，左手向左後抽棍，右手滑把於把梢位一，左手調把位三。右臂微屈，左臂前伸，雙手順把扣棍。眼視左前。（圖32）

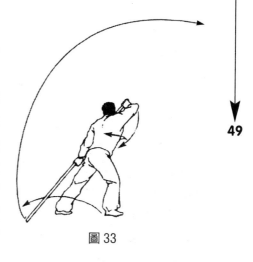

圖 33

49

（2）上動稍停，左腿向右前跨步撐身180度轉體蹬伸，右腿微屈膝，同時右把向右後上方搬提，左把棍梢由左經前向右前蓋棍擊地。右臂屈肘右舉，左臂下伸。雙手順把握棍拖棍，兩眼前視。（圖33）

（3）上動稍停，右腿向左腿後倒插，同時身向右後撐轉180度，左腳原點隨右腿撐轉，右把下壓回搬貼於左胸前，同時左把棍梢由下經後向前上搬格。右臂屈肘，順把握

棍置胸前；左臂上伸，陰手扣棍。（圖34）

（4）上動不停，身微前傾，重心後移，棍梢繼續不撂，向右側立掄一圈向前劈棍，棍尖擊地。右把後，左把前，雙臂前伸，順把握棍，眼前視。（圖35）

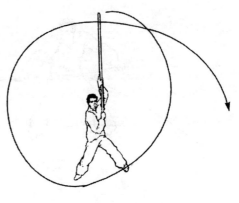

圖34

（5）上動稍停，右腿蹬伸，左腿後撤重心後移，同時以右把為支點，左把為力點，棍梢由下上撩向後從左側倒掄一圈擊地，棍尖著地，右臂前屈肘，陰手握

圖35

棍，左臂後下伸，順把扣棍，成拖棍勢。眼前視。（圖36）

【要領】：擰腰轉身腳不能高抬，且明快有力。變招換勢要快速連貫。上撩下撂幅度要大且力滿勁足，力透棍端。運棍走勢要身械協調。

【解析】：「浪裡挑鯊」和「蛟龍翻身」，前者為攻擊

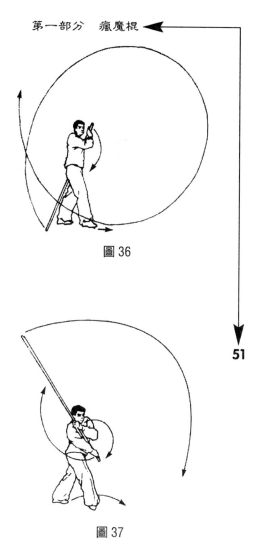

圖36

圖37

之進取棍法，到「蛟龍翻身」從其技術結構而論，其棍法可謂防守性棍法，棍之防守，無外乎撥、架、格……瘋魔棍一反常技，蘊有西北之雄風，僅「蛟龍翻身」一技，掄出四個貼身圈，摒其他不說，足以看出此棍法之大膽和對技術之自信。自信的技術，似乎可以說是較好的技術，那麼，雖不說其法為崇，就其棍勢，棍韻足已。

掄棍不昏然，求其擊點，又可謂粗中有細。細到何處，練習者務需體悟、思味。

12. 判官脫靴

（1）上動稍停，左腿蹬伸，重心前移，右腿前上虛步點地，微屈膝，身體右轉，左肩向右送，同時左把下搬，棍梢由後經上過頭向前，過右側一立掄。右臂前伸，陰把扣棍，左臂前屈肘，陰把握棍。眼看前方。（圖37）

圖 38　　　　　　　　　　圖 39

（2）上動不停，左腿向前上一步，身向右轉，同時右把下掛上搬，左把棍梢由左側上方向前，向下外飛立掄。棍尖不著地，棍不停，右臂前抬屈肘，虎口扣棍。左臂下伸，陰手扣棍。眼看後方。（圖 38）

（3）上動不停，右腿向左腿後插步，身體隨右腿插步向後轉身，順勢轉左腳，同時右把向外，向下掛，左把棍梢由後向上、向前翻撩上格。棍梢在上方不停。右臂下垂屈肘，陰把握棍，左臂上伸，順把扣棍。眼看前方。（圖 39）

（4）上動不停，向前上左步蹬伸，向右擰轉，右腿屈膝前弓成右弓步。向右後轉身，同時左把滑把於右把處，棍梢經前向下、向後、向上掄一右側圈。兩臂左上右下相交叉，雙手順把握棍，棍梢右上方。眼視前方。（圖 40）

（5）上動不停，右腿向左腿後倒插步，重心後移下坐的同時，棍梢由右上方向下，經前向左斜劈，平掄至地平

面。棍梢著地，雙臂
伸直，雙手順把握
棍。眼看棍梢。（圖
41）

【要領】：運棍
走勢要快速連貫有
力，不能停頓，插步
掄劈要擰腰轉身。掄
棍幅度要大，力求棍
打一片，力透棍端，
收步縮身，開步展
腰。

【解析】：「判
官脫靴」可稱道的是
這一打、一掛、一掃
三招的組成具有頗高
的技擊效果。自上動
（圖 36）向下劈
擊，（圖 37）復出
擊劈，轉身一掛，意
在分彼械，挺棍高

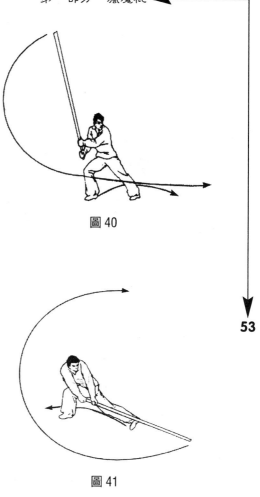

圖 40

圖 41

置，不去取彼上盤，可取上盤之勢明亮。（圖 40 至 41），
斜身招御千鈞之棍，這一招直取彼的根基。

從演練上講，招練至此，（圖 37）向（圖 41）的突然
變化，尤其不能出現間隔，其節奏為（圖 38）轉身後，反
劈一棍（圖 39），猛劈一氣呵成至（圖 41）。

圖42　　　　　　　圖43

三　趟

13. 秦王卷旗

（1）左腿蹬伸，轉身向右上右步屈，成右弓步。同時伸腰展臂，棍梢由下經前向右上方斜撩，棍不停。兩臂屈肘，雙手順把握棍。眼視前方。（圖42）

（2）上動不停，棍梢繼續由右上方經後向下向前反撩，右把順腰下向右肩上方掛提為陰把。左手順勢下壓並滑把位三附近，伸臂為陽把。眼看棍端。（圖43）

（3）上動稍停，左腳向左側上步，身體向左側前擰轉的同時，雙手將棍梢同時向左上方上翻滾格。同時右腳跟離地，腳尖點地跪膝。右把在左腋下屈肘陽手握棍，左臂在左前屈肘，陽把握棍。眼看棍梢。（圖44）

（4）上動不停，左腿向後上提膝，重心後移，右腿直立，同時右把向右、向後、向上搬扭，左把外翻下拉轉撥，

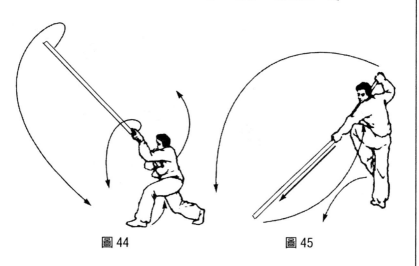

圖 44　　　　　　　圖 45

棍尖著地，眼視前方。（圖 45）

　　【要領】：蹬伸要有力，移步擰身要靈活快速，伸腰展臂，掄撩掛提幅度要大而有力。棍打一片，力透棍端。滾格搬扭，下拉轉撥時要隨身體的擰轉起伏，伸腰展臂。一氣呵成，力達棍端。

　　【解析】：（圖 43）向（圖 45）撩棍時，左手握棍向後搬棍，隨之一卸，加之右手握把貼身猛然上提，棍走一個貼身弧線，最後在體前做撩，棍勢變化頗有氣勢。再則，注意此棍法變化時腰的動作很關鍵，這裡有一個腰的「晃動」。怎樣做，除去自己揣摩，儘可能看高手演練，可事半功倍。（圖 45）變化注意利用（圖 44）動作結構。左腳上步時要穩落，右手握棍把迅速向懷裡壓，整個身體便向左扭晃，幅度不宜太大而慢。做到「冷」但又有「晃」這兩點，「上翻滾格」，才能有其韻味。「上翻滾格」取攻勢，提膝回撥則為守勢，掌握其節奏變化，是演練最需注重的問題，

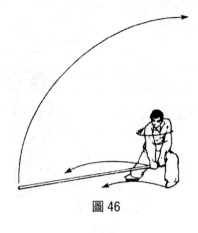

圖46　　　　　　　　圖47

此勢做的連接處有「刁鑽」的意味為妥。

14. 金磚落地

　　右腿蹬伸，左腿向左側前邁屈膝成弓步，重心向左轉，左手變陰把前移於棍梢位一回搬；右把同時也下滑，棍把由上、向前、向下擰身扭劈，棍把擊地，右把靠攏左把。兩把為陰把。眼看棍梢。（圖46）

　　【要領】：蹬伸、屈膝弓步，擰腰轉身要快速有力，同時要與扭劈擊棍一氣呵成。調把換位要自如明快，棍子扭劈幅度要大而有力，需含胸拔背，擰腰合臂。

15. 舞花換形

　　（1）上動稍停，左腿蹬伸，腳跟離地前點，膝微屈，身體右轉，重心右移。右腿直立，身向右後傾斜的同時，右把前滑至把位二，棍把上掂後搬，同時左把前滑於梢位二。兩手陰把扣棍，右高左低傾斜，棍貼前胸，雙臂左右斜展伸，眼看前方。（圖47）

　　（2）上動不停，左腿後撤，身隨腿左轉，右把由後向

下回壓，左把棍梢向右後上搬的同時，左手滑把至右把處靠攏，置於左胸前。雙臂左上右下相交，棍梢右後上方。眼看前方。（圖48）

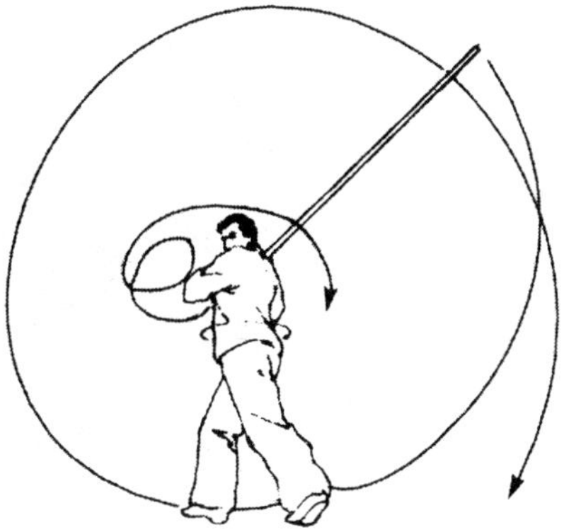

（3）上動不停，身體向左後原地轉身的同時，棍梢隨腕臂的摔轉從右側經後、經下向前、向上過頭向後大撩倒掄一圈多，棍梢著地，左腿直立，右腿前微屈，右腳尖虛步點地。兩手順把，右臂前屈與胸平。左臂下垂於左側，陰把握棍，眼視前方。（圖49）

【要領】：摔轉以腰為軸，動作要明快有力，開步要展腰，棍子掄撩要圓活連貫有力，身械協調，勁力一致，腕臂靈活，力透棍端。

【解析】：該動主要在左腳的落位，向下落時應向左腳外側後落，這給摔身創造了條件，摔身與滑把向下劈擊與落步緊扣不散，整個動作猶如高牆下塌之勢，其勢無可阻擋。

圖48

圖49

圖 50

16. 移步換形

（1）上動稍停，左腿蹬伸，腳跟離地，身體向右前傾斜，擰轉的同時，右把向前、向下、向回搬掛。棍梢由後經上過頭，向前、向下、向後掄一右側順掄。兩臂左上右下相交。左把手心向下，右把手心向上，置棍於右肩上方，棍梢向後上方。眼看前方。（圖50）

（2）上動不停，左腳向右前上步，身體向右擰轉的同時，右手經右側向下、向後、向上搬掛，同時左手棍梢經右前上方，向前方、向下斜摞，棍梢不著地。右臂向右側上屈肘，左臂下伸，雙手陰把握棍。眼看棍梢。（圖51）

（3）上動不停，右腿向左腿後插步，左手滑把並向右腋下送把，同時右把由上向前、向下蓋把於左膝外側上方，棍直立。兩臂右上左下相交夾棍。右腿屈膝，重心右移，左腿虛步，膝微屈。背朝北，兩眼後看。（圖52）

（4）上動不停，兩腳跟離地，身體、兩腳尖向右180

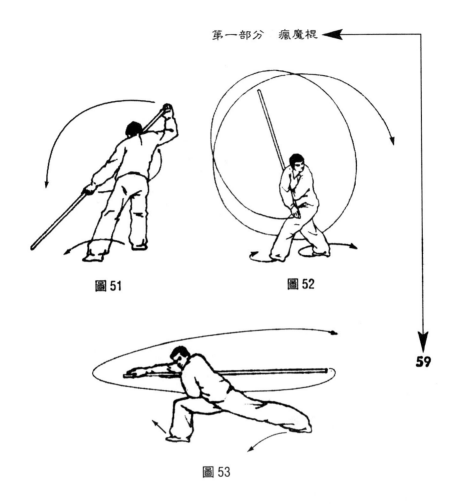

圖 51

圖 52

圖 53

59

度擰轉，同時左腿蹬伸，右腿上步屈膝成右弓步。右手向上，向前直臂挑棍把。左手繼續在右腋下握棍，棍與身平。身前撲。重心移右腿，眼視左側。（圖53）

【要領】：移步變勢，腳不能高抬，運棍走勢要棍隨身走。插步掛棍要先擰腰轉身。掄轉撥挑要連貫圓活。身械協調，力達棍端。

【解析】：仔細品味「舞花換形」到「移步換形」的棍

圖54

法變化，不難發現其法雖簡，但動起來卻使人眼花繚亂，或許這就是棍之樸直中孕精奧。

演練起來，雖說其步法移換趨於簡拙，但其棍法和步法形成極大反差。初用腰身晃動，棍行其極能勢，豁達而洗練，無修飾，但求其棍樸而經用。

17. 判官脫靴

（1）身隨左腿向前上左步蹬伸，右腳向右前外擺屈膝的同時，體向右轉，右把由前向後過頭，棍梢由後經下向前，經上向後斜掄一圈。左手滑把於右把附近，棍擔於右肩。右腿屈膝成右弓步。雙臂前屈肘，雙手順把握把，眼看左前方。（圖54）

（2）上動稍停，右腿向左腿後插步，重心後移，左腿前屈膝，棍借身體向左擰轉之勁力，以肩為支點，雙把為力點，把下掛向後斜掄。棍梢由後經右後上方向前、向下、向後轉身掄劈掃。雙臂伸直，雙手順把握棍。棍端著地落左後。眼看棍端。（圖55）

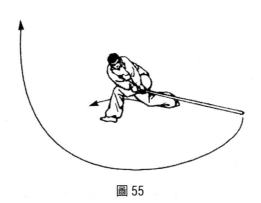

圖 55

【要領】：
插步要擰腰轉身，棍隨身走要連貫一致，掄劈要幅度大，需擰腰伸臂。快速有力凶猛，力點要準，力透棍端。

圖 56

【解析】：

（圖 53）、（圖 54）步法變化以蓄勢為主，但又不顯沉滯，從（圖 54）動向（圖 55）動過渡中切記突猛，但不是泄而無收，在其勢做到勢必猛收，一張一弛勁力則突出。

18. 倒打金鐘

（1）上動稍停，左腿蹬伸，右腿向前上步屈膝，成右弓步。身體向右轉身的同時，展腰伸臂，棍梢由後經前向右上方斜撩。雙臂前伸，雙手順把握棍。眼看棍梢。（圖56）

（2）上動稍停，右腿向後蹬伸，重心後移，左腿屈膝。雙把下拉的同時，右把向下、向外、向上抽棍，左把前滑至把位三附近。棍梢由上經左側向下、向腳前外下撥擊地。右臂側抬屈肘，陰把握棍。眼看棍梢。（圖57）

圖 57

（3）上動稍停，向前上左步屈膝，右腿經左腿後向前插步的同時，身體向左上擰轉，同時棍梢由下經前向外斜飛劃一圈反撩抖棍。向左上方扭轉上格。右手向內擰腕，右臂屈肘。左臂伸直陰手扣棍。眼看棍梢。（圖58）

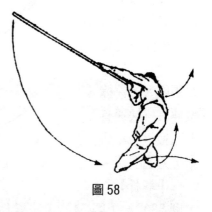

圖 58

【要領】：插步擰腰，展臂活腕，轉身調面，下拉下格要抖棍貫勁快速有力。身械協調，一氣呵成。力透棍端，方顯寸勁。

【解析】：「倒打金鐘」實為（圖55、56、57、58）四個環節組成。（圖55）為上動至「倒打金鐘」銜接動作。（圖55）至（圖56）向上撩棍，撩棍的著力點應以整個棍為主，以全棍為攻擊點。但關鍵是配合棍法的變化，整

個身體因上動而扭壓後，一再向右斜上繃脫，有突破之力道。猛揚即收，撩起的棍一近右斜上，猛一頓，隨即右手握把向回猝收，左手順勢向前滑把。這就有個向回收點的棍法，即

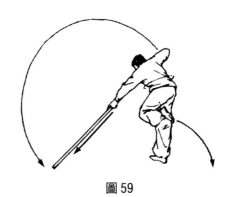

圖59

（圖57），緊接著雙腳一錯步，棍由點下迅即向上翻打，攻其上盤，意欲「倒打金鐘」，參（圖58）。其身勢略向右傾斜，頗有猛拙之態。

19. 老農耕地

（1）上動稍停，右腿向右後撤步直立，重心後移，左腿後提屈膝的同時，雙手向回、向下拉棍，棍尖犁地，同時右手向右肩處抽把，左手向前滑把下壓把位三。右臂屈肘，左臂前伸，雙手順把握棍，棍尖著地，眼看棍端。（圖59）

（2）上動不停，左腳後落屈膝，重心後移，身體向左轉並下坐的同時，左手向梢位一處滑把回搬。右把由上經前向下擰身扭劈，右把同時滑把於左把處，棍把擊地。右腿蹬伸成右仆步。兩臂下伸直。雙陰把握棍，眼看棍端。（圖60）

（3）上動稍停，左腿向上蹬伸直立，右腿回收虛步點地。左手同時向後，向上抽梢。右手滑把位一。左手隨即調把位三附近。含胸拔背。向前運棍。右臂屈肘，右把左腋

圖 60

下。左臂前伸，陰把握棍，棍梢前上方。眼視前方。（圖61）

（4）上動不停，向前上左步蹬伸，重心前移，上右步屈膝，成右弓步的同時，棍梢由上經前向下、向後、向上、向前從右側立掄一圈向下劈棍。左手滑把靠攏右把處，棍梢擊地。雙臂前伸直。雙手順把握棍。眼看棍梢。（圖62）

【要領】：擰身轉步要身隨步移，搬犁滑壓要快速有力。劈砸要凶猛，身械合一，力透棍梢。

圖 61

圖 62

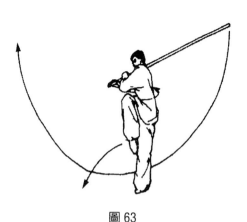

圖 63

【解析】：「老農耕地」指（圖 59）、（圖 60），但是要說的是把位變化要突然。左手滑把，右手向前掀把，雙手一合促成整把下劈。劈把切記整個身體扭轉下壓，很有力度，到（圖 60）稍停，左手抽把向後，身體向上挑起，棍隨即向前自上向下點劈。

點劈略有上吊，緊搶兩步，棍隨即自身體右側外劃一立圓立掄。防住身體右側，隨後力劈前方，劈下點地。

四　趟

20. 白馬分鬃

（1）上動稍停，重心後移，後腿後提屈膝胸前的同時，左腿直立。同時雙把將棍梢由地向上、向後挑起，雙臂屈肘，雙手陰把扣棍，棍把置右膝上方。棍梢在右肩後上方，身體向後微傾斜。眼看前方。（圖 63）

（2）上動不停，右腳前落，在身體向左擰轉的同時，雙臂屈肘隨身體向左上擰轉，棍梢繼續由後、向下、向前、

向上經右側反撩。置
雙把於左肩上方，雙
臂屈肘前合，雙手順
把握棍把，雙腿為馬
步，眼看棍梢。（圖
64）

圖 64

（3）上動不
停，右腿上前，腕臂
隨身體向右前同時擰
轉，棍梢由前經上、
向後、向下、向前、向上經左側反撩。兩腿屈膝下坐，雙臂
屈肘前雙手順把握棍，棍梢置前方與把平，眼看前方。（圖
65）

（4）上動稍停，在向前上右步的同時，棍梢由前過左
側繞後，過右側向前，再過左側向後雲棍，同時上左步直
立，向後提起右腿，身體向左後擰轉，左手順勢滑把位二。
眼看左後方。棍擔於左胯上。（圖66）

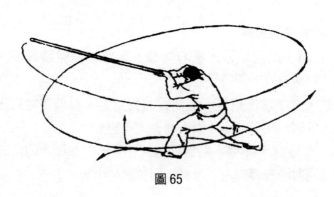

圖 65

【要領】：擰轉以腰為軸，雲撥掄轉，反撩棍要鬆肩活肘，圓活連貫。長撩遠挑，要伸臂展腰，棍幅要大，棍到勁出，力掃一片。身械協調，力透棍端。

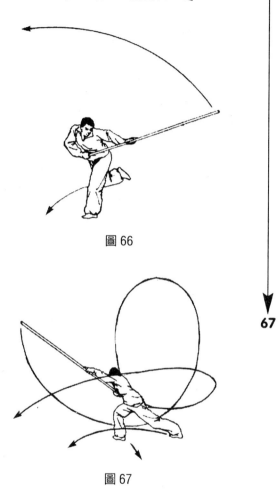

圖66

21. 秦王展旗

（1）上動稍停，轉身向右前方上右腿屈膝，左腿蹬伸成右弓步，同時棍梢由後經左上方向右方蓋棍。右臂屈肘，右手陽把握棍送左腋下，左臂前伸，左手陰把扣棍，眼看棍端。（圖67）

圖67

67

（2）前動不停，左腿向右上步屈膝，左腳內扣，身體隨左腿向右擰轉的同時，右腿隨即向右蹬伸成左弓步，棍隨身左轉的同時，棍梢由上向下、向後、向上過右側下撥上撩，棍梢不停，隨身體右轉面掄一圈，繼而向前過左側，向後平掄。兩臂向前後下伸直，雙手陰把持棍。眼看前方成

「打虎勢」。（圖68）

（3）前動稍停，在左腿蹬伸，身體向右擰轉的同時，右腿向右上步成右弓步。雙手同時調把，向右側上方運棍，左手滑至棍梢位一，右手換把位三，棍把由前向下，經後，向上、向前、向下面掄，向右側上方斜飛上撩。左臂屈肘，置左把於右腿根部，右臂向右上方伸直，虎口自然扣棍，準備下勢換把。眼看前方。（圖69）

圖68

圖69

68

【要領】：移步變勢，擰身轉步要明快自如，運棍走勢眼隨棍走，蹬伸要有力，掄撩要幅度大。身械協調一致，力達棍端。

五　趟

22. 風輪倒轉

（1）上動稍停，在右腿蹬伸，身體左轉，重心左移的

同時，棍梢由右上方向下，經前向左上方下摺上搬，同時兩把上下相互搓棍換把，左腿屈膝成左弓步。右臂屈肘，右把置左膝內側，左臂上伸，虎口自然扣把，準備下勢換把，眼看前方。（圖70）

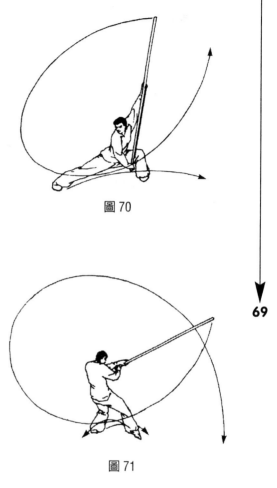

圖70

（2）上動不停，向前上右腿，在身體向左擰轉的同時，棍梢由上向下，過右側向前、向上倒掄反撩，力透棍端，同時左把後滑靠攏右把，身體向後隨棍的反撩之勁力而後傾。重心移左腿，右腿虛步點地。兩手順把握棍。眼視前方。（圖71）

圖71

（3）上動不停，在左腿蹬伸向前上步，身體前傾的同時，右腿後撤，棍梢由上向下經右側向後，向上過頭，活肩伸臂，向前劈擊，同時左腿屈膝成左弓步，棍梢著地，兩臂前伸，雙手握把，眼看棍端。（圖72）

【要領】：蹬伸要有力，轉身換招，棍隨身變，身隨步移，掄轉劈撩，幅度要大，棍打一片，棍到勁出，力達棍端，身械一致。

23. 白馬分鬃

（1）上動稍停，右腿向前上步，雙臂回屈，向右翻轉，棍梢由地向上過頭，向右肩上方上撩回搬，雙腿微屈膝，身向右轉，雙手舉把，貼右肋，梢於右後上方不停。（圖73）

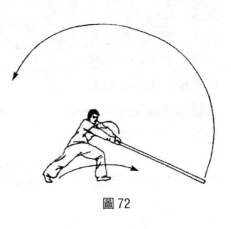

圖72

（2）上動不停，向前繼續上左步的同時，棍梢由右肩上方向後、向下經右下側向前、向上反挑上撩。棍

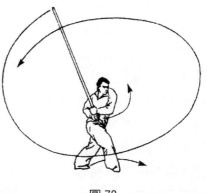

圖73

梢運至前方時擰棍，經左上外側，向後摺棍，右腿蹬伸，左腿屈膝成左弓步，雙手順舉把，棍梢在後，棍平擔於左肩，眼前視。（圖74）

（3）上動不停，在向前上右步的同時，棍梢由後過左側向前、過右側向後、向上平掄右搬，雙手舉把於右胯上，棍梢在右側上方直立，右腿半屈膝弓步。眼前視。（圖

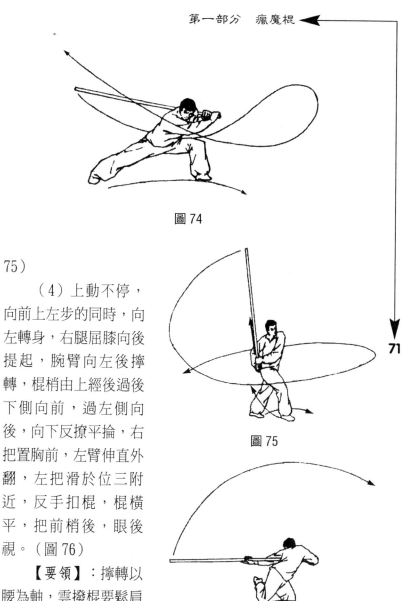

圖 74

圖 75

圖 76

75）

　　（4）上動不停，向前上左步的同時，向左轉身，右腿屈膝向後提起，腕臂向左後擰轉，棍梢由上經後過後下側向前，過左側向後，向下反撩平掄，右把置胸前，左臂伸直外翻，左把滑於位三附近，反手扣棍，棍橫平，把前梢後，眼後視。（圖 76）

　　【要領】：擰轉以腰為軸，雲撥棍要鬆肩活肘，圓活連貫，長撩遠挑。要伸臂展腰，棍

幅要大，棍到勁到，力掃一片，身械協調。力透棍端。

24. 秦王展旗

（1）上動稍停，在向前上右步，身體向右轉的同時，左臂上抬前伸，棍梢由後過頭，向右側運棍，右臂屈肘，陽把握棍於左胸前，左臂前伸陰手扣棍，兩腿微屈膝自然行步，眼隨棍走。（圖77）

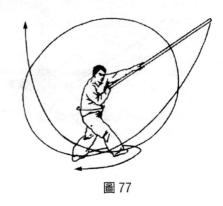

圖77

（2）上動不停，在左腿向右前側轉身過步的同時，棍梢繼續由前向下、向後、向上過右側掄棍，兩腿微屈膝，自然行步，兩臂微屈肘，兩手陰把扣棍，眼側視。（圖78）

圖78

（3）上動不停，在右腿向左側前上步屈膝，身體右轉重心右移的同時，右把向左把處滑把，棍梢由上向前，向下過右側前向上、下撥向右側上撩，右把又上滑於把位三，左腿蹬伸，成右側弓步，左臂屈肘，陽把握棍於右胸前，右臂上伸，陰把扣棍於右側上方，眼前視。（圖79）

（4）上動稍停，重心左移右腿蹬伸，在左腿向左側前上步屈膝成左弓步的同時，右腳向後移半步，隨身體的左轉，左手抽棍，右手滑把於梢位一，右手同時又向左側上方推把送棍，左手又滑把於位三附近，右臂屈肘置把於左膝上方，左臂側伸陽手扣把，棍梢在左側上方。眼視右側前方。（圖80）

圖79

【要領】：移步變勢，擰腰轉步要明快自如，運棍走勢，調把換手要得心應手。蹬伸要有力，掄撩幅度要大，身械協調一致，力達棍端。

73

圖80

六　趟

25. 風輪倒轉

（1）上動稍停，右腿向後撤半步蹬伸，左腿向前方上步屈膝成左弓步，同時重心前移，棍梢由上向前、向下過右側向後，經上向前過頭，向下掄一右側

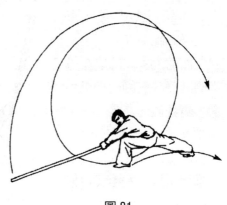

圖81

立掄，同時左把向右把處滑把，靠攏於右把，掄棍劈擊，棍梢著地，兩臂前伸，兩手舉把，眼看正前方。（圖81）

（2）上動稍停，左腿向後撤步於右腿後屈膝，重心後移，棍梢由地向上過頭向後，向下過右側，向前、向上過頭向後側掄，右腿屈膝虛步點地，右臂置身體前側向下直伸，陰把握棍，左臂後伸陰把扣棍把位三。棍梢後高，把前低。眼前視。（圖82）

（3）上動稍停，向前上左步前伸，身體右轉，棍由後向上過頭向前、向下過右側，向後、向上、向前、向下側掄擊地。同時左把滑把於右把附近。右腿

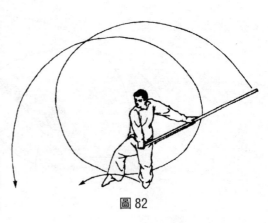

圖82

屈膝下蹲，重心
下坐右腿。兩臂
前伸，雙手順把
扣棍。眼看棍
梢。（圖83）

【要領】：
蹬伸要有力，轉
身換招，棍隨身
變，身隨步移，

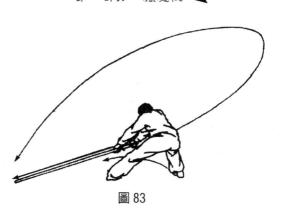

圖83

掄轉劈撩，棍幅度要大，棍打一片，棍到勁到，力達棍端，
身械一致。

26. 猴子調把

（1）上動稍停，右把向後抽棍，左把前滑於棍梢位
一，向前翻身上右步，同時棍把由後向上、過頭向前、向下
劈砸擊地。右把滑把於左把處，同時左腿屈膝身體下坐，右
腿前伸成右仆步。兩手陰把握棍與棍把平。眼前視棍端。
（圖84）

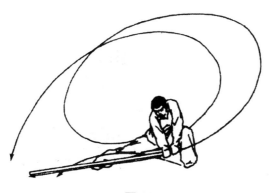

圖84

（2）上動稍停，
右手向後抽棍，右把前
滑於把位一。在左腳向
前上步，身體向前翻轉
的同時，左手後滑調
把，棍梢由後向上，過
頭，向前、向下、過右
側立掄，向前、向下劈
砸擊地。右腿蹬伸，左

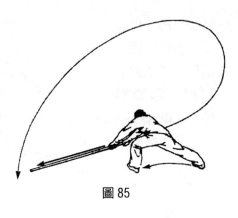

圖85

腿屈膝成左弓步，身體前傾，兩臂伸直，兩手陰把握棍。眼
視棍梢前方。（圖85）

（3）上動稍停，左腿蹬伸，重心向右腿後移的同時，
右把向後抽，左把前滑於棍梢位一，同時左手陰把調陽把下
滑，棍把由後向上過頭向前、向下劈砸，棍把擊地。右腳向
左腳跟處上步屈膝，腳尖點地。右手調把於棍梢，兩把靠
攏，兩臂前伸，順把握棍。眼視根端前方。（圖86）

【要領】：轉步擰腰抽棍，翻身調把劈砸，要靈活自如
有力，快速凶猛，一氣呵成。撩掄劈砸，棍幅度要大，身械

圖86

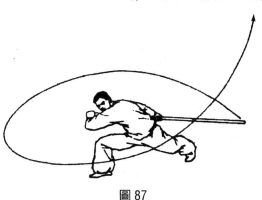

圖87

協調，交手換調，要快速敏捷，力求準狠。

七　趟

27. 腦後一窩蜂

（1）上動稍停，左腿向後撤步，同時右手向後抽棍，左手滑把於把位一附近，身體向左後擰轉的同時，右手滑把於位三，左臂前屈肘，陰把握棍於胸前，右臂向後伸，右手陰把握棍，棍把前高，棍梢後低。眼看後方。（圖87）

（2）上動稍停，兩腳跟離地，右腿蹬伸，重心左移，在身體向左後擰轉的同時，棍把由右後過右側，經前過左側向後平掄一圈，同時左腿屈膝，成左弓步。左臂前屈肘，陽手握棍，右臂前伸與棍平，陰把扣棍，眼視棍梢前方。（圖88）

（3）上動稍停，右腿向前，從左腿後插步，身體右後轉，重心右移，同時右把向右側上方回搬，並滑把於把位一，左把滑把於把位三，兩手陰把扣棍，順勢向身後擰棍轉身。眼隨棍端。（圖89）

圖88

圖89

（4）上動不停，在身體向右後擰轉的同時，棍梢繼續由後經左側向前、向後過右側，在頭頂、腦後雲掄一圈，在雲掄完成的同時，身體已向左轉正，兩膝微屈，自然行步。右手陽把握棍屈肘於胸前。左臂前伸，陰手扣棍，眼視前方。（圖90）

（5）上動不停，棍梢繼續在頭頂上方雲掄一圈，同時棍梢隨身體向左前擰轉，以左把為支點，右把為力點向左外上側擰身轉臂翻把，用棍梢側擊對方右側上方。同時左腿蹬伸，右腿屈膝虛步點地。兩臂上抬，重心上提，屈肘，雙手

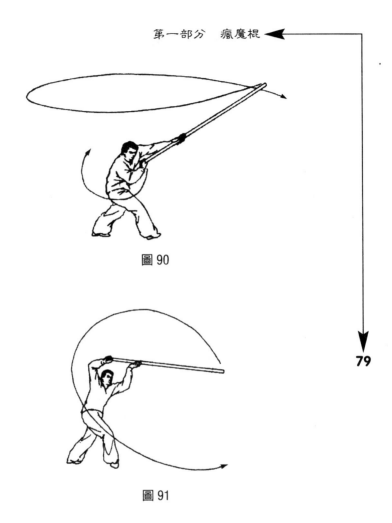

圖 90

圖 91

順把扣棍，眼看棍梢。（圖 91）

【要領】：轉身插步，運棍走勢，要鬆肩活肘，擰轉雲撥要以腰帶肩，連貫圓活，眼隨棍走，幅度要大，凶猛快速有力，力貫棍端。

28. 古樹盤根

（1）上動不停，在身體快速下坐並向右前擰身的同

時，棍梢由對方右側上方橫過對方頭頂，向左側下劈掃，直取根部，兩臂伸直，順把握棍。兩腿屈膝，眼看棍梢。（圖92）

圖92

（2）上動稍停，左腳前點，兩腿上蹬，重心上提，身體向左前翻轉，棍梢隨雙臂由對方左側根部向上繞過頭頂，向右側下翻轉，直取根部。兩臂高抬前伸，右手陰把握棍在上，左手陽手握把在下。兩腿微屈膝。眼視棍梢前方。（圖93）

（3）上動稍停，左腿蹬伸直立，右腿回收虛步點地。在身體向左側擰轉展腰舒背的同時，棍梢由前向後，經左側向左上方反撩舉棍。右臂平屈肘，置棍把於胸前，左臂側高伸滑把位三握棍。兩手順把。眼前視。（圖94）

圖93

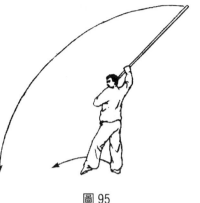

圖 94　　　　　　　　圖 95

【要領】：以腰為軸，擰身轉步，蹬伸起伏要明快有力。棍雲撥、翻轉、下掃要展腰伸臂。迅猛快疾，力透棍端，一氣呵成。

八　趟

29. 虎斷群羊

（1）上動稍停，右腳向前點半步，左腳向前上步，同時棍梢由上向前、向下過右側向後，向上過頭；左手下滑，同時身體向右後轉，再掄一圈，雙手陰把握棍。左臂前屈，置棍把右胸前，右臂微屈肘，右側上方高舉。右腿直立，左腿虛步點地。眼看前方。（圖 95）

（2）上動稍停，右腿上前，同時身體向左轉前撲，棍梢由右側上方、向前斜劈擊地，同時右把向左把處滑把靠攏，左腿屈膝，右腿內扣腳尖點地。兩臂向下伸直，雙手陰把握棍。兩眼看棍梢前端。（圖 96）

（3）上動不停，左腿向右腿後插步，身體隨插步向後

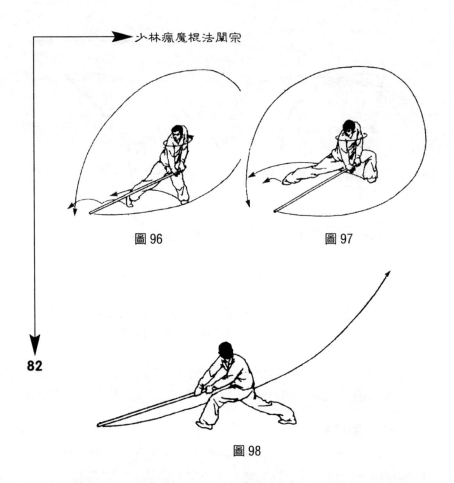

圖96　　　　　　　　　　圖97

圖98

轉360度，同時右腿也隨身體翻轉上步。棍梢也隨身體向前
掄輪轉翻劈，向前方擊地。左腿屈膝弓步。右腿向前蹬伸，
眼看棍梢前方。（圖97）

　　（4）上動稍停，左腿蹬伸向右腿後插步，身體左後轉
身180度，同時棍梢隨身體的翻轉而掄轉向前，向下劈擊
地。同時身體再向左稍轉身，右腳跟進半步蹬伸，雙臂前
伸，雙手陰把握棍，棍梢點地於前方。回頭眼看後方。有
「虎趕群羊翻三棍，一棍回頭打死牛」之說。（圖98）

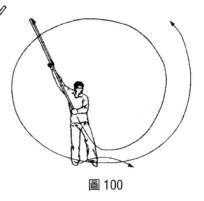

圖99　　　　　　　　　圖100

（5）上動稍停，在右手調陽把的同時，兩腳尖原地撐轉，左腿蹬伸身體右轉，棍梢由地面向右前上方斜飛上撩，右腿由前弓成右弓步。兩臂伸直，雙手順把握棍。眼隨棍梢看前方。（圖99）

（6）上動不停，左腿向前上步，重心右移，右腿向右後側半步蹬伸直立。右手滑於把位三。同時棍梢由上向後左臂前屈，順把握棍置右腹側前。右臂側高伸，虎口扣棍，左腿虛步點地。眼視前方。（圖100）

【要領】：以腰為軸，撐身轉步，棍隨身轉，步移棍走，眼隨棍端，掄轉撩劈時，肩肘腕要鬆活，棍幅度要大，迅猛快疾，力達棍端。

九　趟

30. 摘星換斗

（1）上動稍停，在向前上右腿虛步點地的同時，左手向下抽棍並調把換位，右手滑把於梢位一，同時左手棍把由下向前、向上過頭，再向後過右側下，向上倒掄挑起，左腿

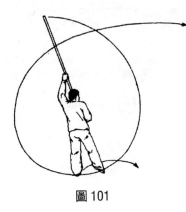

圖 101

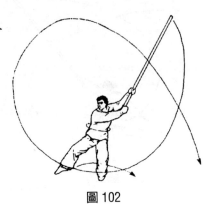

圖 102

蹬伸直立,雙手順把握棍,左側前舉。眼看前方。(圖
101)

(2)上動稍停,在向前上左腿屈膝、向右擰身轉體的
同時,棍把由上向前、向下過右側下,再向後、向上過頭,
下撥上撩。重心左移,右腿前伸微屈膝虛步點地。雙手順把
握棍,雙臂左側前舉。眼隨身轉,看前方。(圖102)

(3)上動不停,右腿向左腿後轉步屈膝,在身體右轉
180度的同時,棍把繼續由上向後、向下、向前、過左側下
倒掄向前,向上過頭,向右前、向下斜劈擊地。左腿同時蹬
伸成右弓步,重心右移,雙臂前伸,雙手順把握棍。眼回頭
看。(圖103)

(4)上動不停,右腿蹬伸,重心左移,左腿屈膝前
弓,棍把由右前經身前向左斜上方反撩成左弓步。雙臂伸
直,順把握棍。眼看棍把端。(圖104)

(5)上動不停,左腿蹬伸後撤,重心後移,同時雙臂
手腕外翻再下拉,右手抽棍後提的同時,左腿虛步點地。右

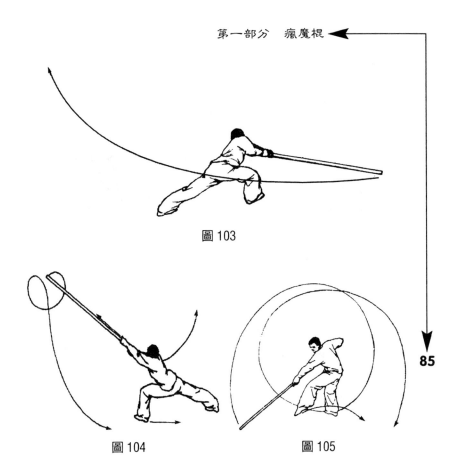

圖 103

圖 104

圖 105

腿微屈膝，左臂前滑伸直。右臂後屈肘，順把握棍。眼看棍端。（圖105）

（6）上動稍停，在左腿後撤，重心後移的同時，棍把由地上挑，過右側倒掄，再過頭，向後向下撥撩，棍把著地。右臂前屈，右手陰把握棍。左臂側後伸直夾棍，陰手扣把。眼前視。（圖106）

【要領】：蹬伸要有力，以腰為軸，身動棍走，擰身展背舒臂要靈活自如，掄撩撥撩要迅猛有力，力達棍端，身械

協調一致。

十　趟

31. 樵夫擔柴

（1）上動稍停，在向前上左步、向右轉身的同時，棍把由地向右前上方撩格，兩臂屈肘，兩手順把握棍與頭平，把平高於頭，右腿直立，重心右移，左腿內扣虛步點地。準備繼續插步前進。眼看棍端。（圖107）

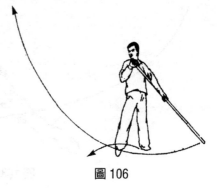

圖106

（2）上動不停，右腿繼續從左腿後插步，身體隨插步向右後倒翻轉360度上步，棍端隨身體旋轉，在頭頂上方由右向左前雲掄一圈。兩臂屈肘，順把握棍與右肩平。棍擔於右肩，兩腿屈膝成四平馬步，重心於中。眼看前方。（圖108）

（3）上動不停，在右腿向左前邁進步，身體隨步左轉

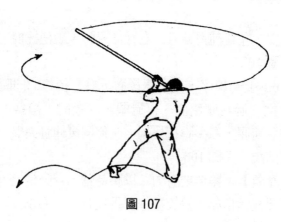

圖107

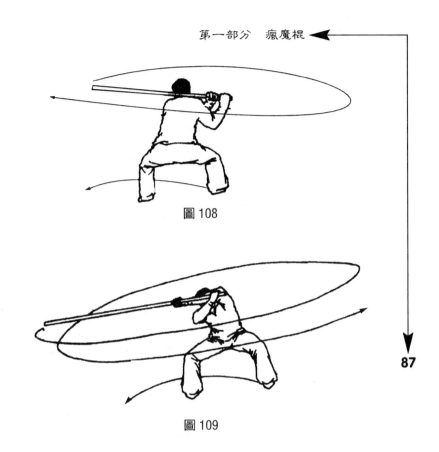

圖 108

圖 109

的同時，棍端隨身體旋轉，在頭上方由左側前向後、向右前雲掄一圈。兩臂屈肘，左上右下相交叉，雙手陰把握棍。棍與頭平。兩腿屈膝成四平馬步。重心於中。眼視前方。（圖109）

（4）上動不停，左腿從右腿後插步，身體隨插步倒轉向前進，同時棍端由右前向左、向後、向前雲掄，再過左側向後平掄。兩腿屈膝成四平馬步。棍擔於左腰胯處。兩臂下直伸，雙手順把握棍，棍梢前把後，為換肩勢。眼視前方。（圖110）

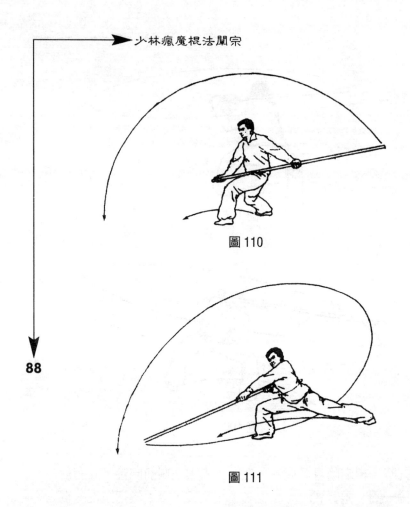

圖 110

圖 111

（5）上動不停，向前上右腿屈膝前弓，左膝蹬伸，同時棍端由後向上過頭向前、向下劈棍擊地。重心前移，成右弓步。左臂前伸，陰把扣棍，右臂屈肘，陽手握棍於胸前。眼看棍端前方。（圖111）

【要領】：以腰為軸，蹬伸要有力，插步擰身轉體要靈活自如，腳不能高抬，雲棍要鬆肩活肘，圓活連貫，快速有力，眼隨棍走，長撩雲撥，棍幅度要大，力掃一大片，力透

圖 112

圖 113

棍端。四平馬步要身械協調，一氣呵成。

十一趟

32. 左揭地犁頭

（1）上動稍停，在向前上左步，向右後轉身 180 度的同時，棍梢由地前過右側，掄一側倒立掄，棍梢落原地位置。左腿蹬伸，右腿屈膝，成右弓步。右臂屈肘，陰把握棍置於左胸前：左臂後伸，陰把扣棍。成拖棍勢。眼看正前方。（圖 112）

（2）上動不停，右腿向左腿後撤步，身體隨步向左後大轉身 360 度的同時，棍梢擦地圍身畫一圈。棍不停，梢離地繼續圍上體掄一圈上撩。抱棍於左側，棍直立，雙手陰把握棍，左腿直立，右腿虛步前點。眼看正前方。（圖 113）

（3）上動稍停，向前上左步，身體隨步向前右轉，同時棍梢由上向前、向下、向後、向上掄一右側立掄，同時右

腿也隨身體右轉向前倒上步，虛步點地。步不停，雙手陰把握棍，棍梢在左側上方過右側斜掄隨身轉動。棍在運動之中。眼視前下方。（圖114）

圖114

（4）上動不停，繼續向前上左腿轉身180度，棍梢由左側斜上方向前、向下，過右側向後、向上、過頭斜掄一圈半。向後撤右腿屈膝。棍梢由身體前方向身體後方斜劈棍，棍梢擊地。左腿蹬伸成右弓步。同時左把滑於右把處。兩臂伸直，雙手陰把握棍。眼看棍梢。（圖115）

（5）上動稍停，右腿蹬伸，身體左轉，同時棍梢揭地向前方斜飛上撩。左腿屈膝成左弓步。兩臂伸直。雙手陰把

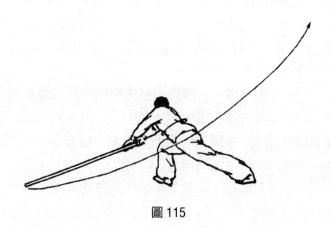

圖115

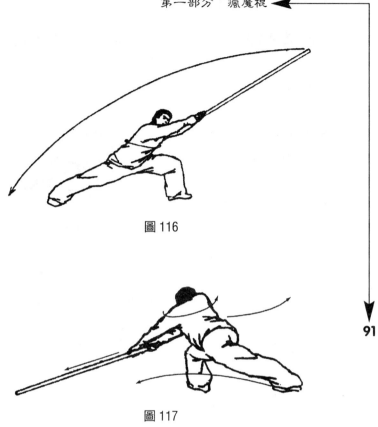

圖 116

圖 117

握棍。眼視前方。（圖116）

（6）上動稍停，左腿蹬伸，身體右轉，同時棍梢由前上方，二次向後下方斜劈擊地，右腿屈膝成右弓步。兩臂前伸，雙手陰把握棍。眼隨棍梢。（圖117）

【要領】：蹬伸要有力，身體擰轉回首一致，步法要靈活敏捷，棍隨身轉要圓活連貫，斜劈上撩要快速有力，抖棍貫勁，力透棍端。棍幅度要大。伸臂展腰，鬆肩活肘，眼隨棍走。

33. 右揭地犁頭

（1）上動稍停，在左腿前擺，身向左轉180度的同時，右手向右側後抽棍，並滑把於位三，陰把握棍。左手前滑於棍梢位一，陰把握棍，右腿屈膝原地隨體擰轉，右弓步不變。棍橫擔於右側前。兩臂向下伸直，棍把後，梢前低。眼看前方。（圖118）

圖118

（2）上動不停，向前上右腿轉身，棍把由後向下、向前、向上、向後以左把為支點，右把為力點斜面掄一圈。同時，右把滑把於左把處，雙臂屈肘縮腕於胸前。雙手陰把握棍。棍貼於腕肘之間。兩腿屈膝成「八仙步」。眼隨棍端看前方。（圖119）

（3）上動不停，左腿從右腿後向前倒插步360度，棍把由右側後上方，繼續過右側向下、向前、向上過左側，過

圖119

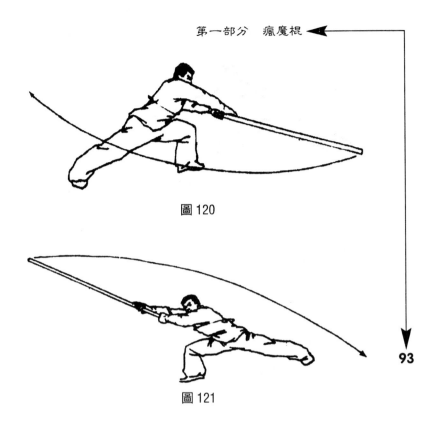

圖 120

圖 121

93

頭斜面掄一圈半，同時左腿屈膝前弓，右腿蹬伸成左弓步，棍把向前斜劈擊地，兩臂前伸，雙手陰把握棍梢，眼看棍端。（圖120）

（4）上動稍停，左腿蹬伸向右轉體180度，重心右移，棍把由前向後上方斜飛上撩。右腿屈膝前弓成右弓步。兩臂前上伸，雙手陰把握棍梢。眼隨棍走。回首看前方。（圖121）

（5）上動稍停，右腿蹬伸，向左轉體180度。重心左移的同時，棍把由前上方向後下方回首斜劈擊地。兩臂前下伸直，雙手陰把握棍梢。左腿屈膝成左弓步。眼隨棍端。

圖122

（圖122）

【要領】：同「左揭地
犁頭」之要領。

十二趟

34. 洞簫橫吹

（1）上動稍停，左把
向左後抽棍，右手前滑於棍
把位一，同時左手變陽手握

圖123

棍把位三附近。兩臂伸直，雙手成順把握棍。右腿蹬伸，左
腿屈膝成左弓步。棍橫擔於左胯上。眼視側前方。（圖
123）

（2）上動稍停，右腿向左腿前擺步，向右後轉體180
度。左腿向右腿後插步屈膝坐盤。同時，棍梢由後向前，過
左上側、向前、向右側掄一圈半，再由前向身前下壓回拉，
雙手將棍把向右肩後上方搬把送棍。左臂屈肘，左把陰手內
扣棍位三於胸前。右臂後伸，陰手虎口扣棍把。低頭眼視棍
端，成「洞簫橫吹勢」。（圖124）

【要領】：蹬伸要有力，擰身轉步要快速連貫，棍隨身

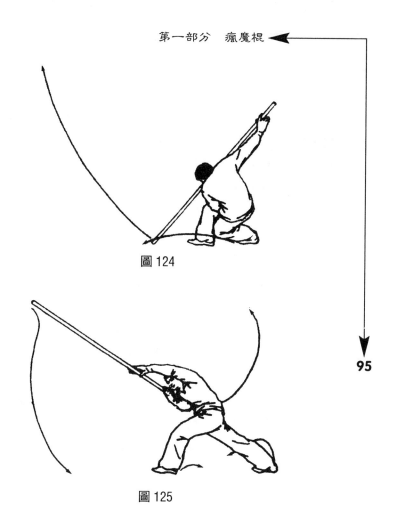

圖 124

圖 125

轉；掄轉抽壓，要身械一致，一氣呵成。

35. 張良撫琴

（1）上動稍停，在右腿蹬伸，向左前方上左腿屈膝成左弓步的同時，身體向上前伸，向左上擰轉，棍身前送，右把外翻，棍端由地向左側斜上方外翻上格。雙手順把握棍。眼隨棍走。（圖 125）

（2）上動稍停，右腿向前擺步屈膝，重心右移，同時身體向右上擰轉，右臂手腕下拉、外翻、後抽、上搬提；左手變陽把的同時下壓（以上動作一次完成）。棍端由上向左側、向下、向腳前畫弧犁地，左腿後撤，虛步點地。眼隨棍端。（圖126）

圖126

（3）上動稍停，右手向右肩斜上方抽棍，左手變陰把前滑於棍梢位一。右手滑把於位三的同時，右腿從左腿左側倒插步，左腿也向左側擺步，同時棍把向正前格棍，棍把由右向上、向左、向下逆時針掄圓攪棍（連續向東擺三步，攪三個面掄）。向左過渡，同時向左平捅棍梢。雙手又回滑於棍把。右臂屈肘於胸前，左臂後伸，雙手陰把握棍。在捅棍的同時，兩腿左上右下相交坐盤，眼看右前方。（圖127）

【要領】：蹬伸轉步要快速有力，上撩下犁要抖棍貫

圖127

勁，搬格捅抽要明快，
撐身插步，棍隨身走，
肩鬆腰活，身械一致。

36. 太公釣魚

（1）上動稍停，
向前上右腿屈膝，左腿
蹬伸向右後過步，成右
弓步，雙手同時滑把，
左手滑於棍梢位一。右
手向前抽棍並下掛，後

圖 128

搬提把，右臂後伸並滑把，陰手扣把於位三附近。向右後上
方送棍，置棍於右側胯上。左臂前屈肘，陰把握棍。眼看前
方。（圖 128）

（2）上動不停，向前上左腿直立。棍把由後向上、向
前過頭點棍，同時提右腿屈膝於身後高懸。身體前撲，右臂
前伸，右手虎口反扣棍。左臂前屈肘，左手陽把握棍於眼
前。成「太公釣魚」勢。眼看棍端。（圖 129）

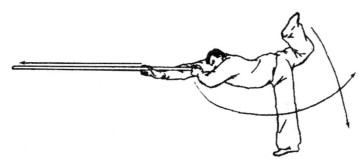

圖 129

圖 130

（3）上動稍停，在後腿後落，重心後移的同時，左手向左後抽棍，滑於把位三附近，右手前滑於把位一。左腿虛步。兩臂分別直伸於前後（右前左後）。陰把握棍。眼看前方。（圖130）

（4）上動稍停，在向前向下弓身縮腰、右腿屈膝、重心下移的同時，棍梢由後過右側向前平掄擊前側，左手滑把於右把處，兩臂左上右下相交叉，雙手陰把握棍。左腿微屈膝，腳跟離地。眼看棍端。（圖131）

【要領】：蹬伸要有力，轉步擰身要明快，伸腰展臂，前撲點棍，搬掛平擊要剛柔相濟，身械一致，力滿勁足。

37. 上打滿天星

（1）上動稍停，在兩腳尖原地向右後擰轉180度，身體也隨腿向後擰轉的同時，棍梢在頭頂上方由前經右向後雲掄一圈半，平掃正前方。兩腿屈膝，兩臂前伸與頭平，順把握棍，眼看棍端。（圖132）

（2）上動不停，兩腳跟離地，身體由右向左下翻轉，

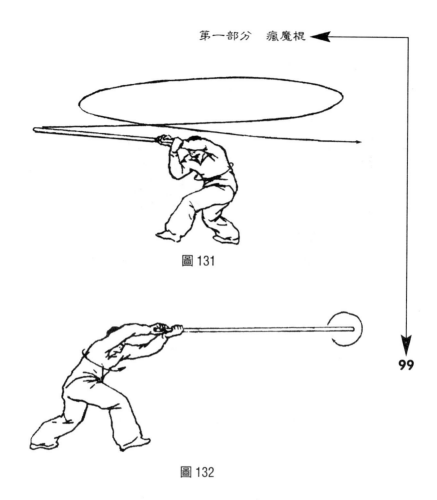

圖 131

圖 132

棍梢隨雙臂向對側翻轉，點擊對側。兩臂左上右下相交叉，順把握棍。兩腿成馬步。眼看棍端。（圖133）

【要領】：身體隨步擰轉要敏捷有力，伸腰展臂，鬆肩活腕。棍擰轉要快速有力，力達棍端。

38. 下打古樹盤根

（1）上動稍停，在兩腳原地腳跟離地、身體由左向右下擰轉翻身的同時，雙臂腕隨身體翻轉，棍梢由上向對側下

方翻轉直擊根部。左腿屈
膝，重心左移，右腳虛步
點地。雙臂前下伸直，雙
手順握把。眼看棍端。
（圖134）

（2）上動稍停，在
向前上左腿蹬伸，右腿向
右擺步屈膝成右弓步的同
時，雙臂起棍過頭纏腦，
棍橫擔於右肩上，雙手陰
把握棍，眼看前方。（圖135）

圖133

（3）上動稍停，右腿蹬伸，身體左轉前撲，重心前移
於左腿，在左腿弓步的同時，棍梢由左後側經後，過右側向
前平掄，棍掃至正前，兩臂前伸，雙手順把握棍，棍梢不著
地。眼看棍端。（圖136）

（4）上動稍停，兩腳不動，身體後坐，重心後移，同

圖134

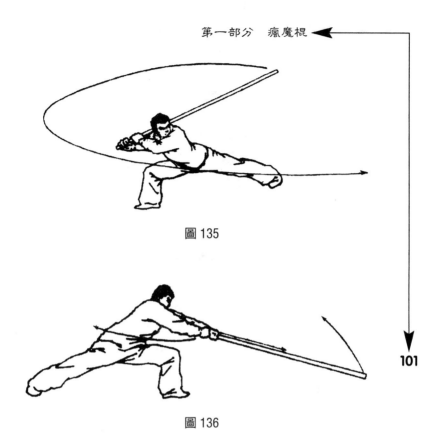

圖 135

圖 136

時，右手向右側抽棍，左
手前滑於把位三反扣，棍
橫擔於左腹股溝上。左腿
前蹬屈膝，右腿後側蹬屈
膝，兩腳尖內扣，成八仙
步。眼看正前方。（圖
137）

【要領】：蹬伸要有
力，擰腰縮身要快速，雲

圖 137

解圖137

撥、掄轉、橫擊要連貫圓活、凶猛。棍幅大而有力，上搬下掛、上掠下取要身械合一，一氣呵成，抖棍貫勁，要力達棍端，伸腰展臂，擰轉得當，靈活敏捷。

十三趟

39. 左右搬旗

（1）上動稍停（解圖137），左腳蹬伸並回收步，重心後移於右腿的同時，以右把為支點，左手鬆握棍，棍梢由身體左側向前、向下、向右上掄一圈半，將棍掄至身體右側直立，雙手抱棍成「右搬旗勢」。右手緊握棍把於右肘下方。左手虎口朝上，扣棍把位二於右肩上方（北）。誘彼深入。（圖138）

（2）上動稍停，右腿蹬伸，向前上步，重心向左腿前移，身體向左擰轉的同時，以右把為支點，左把為力點，棍梢由右肩上方從右側向下、向前、再向左斜上方掄撥，至右側後中平位時，平掄一圈於周身。同時左腿內收，重心左

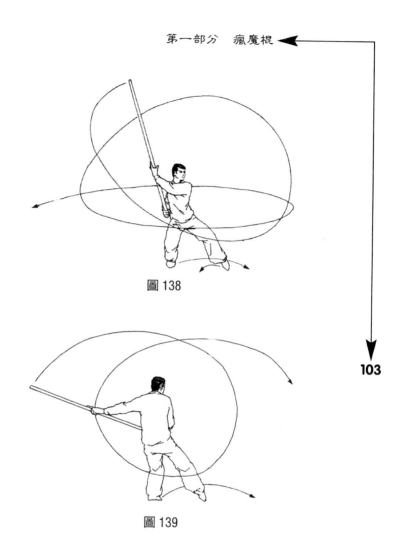

圖 138

圖 139

移，右腳前虛步點地。右手陰握棍把，置於左肋下，左手陰扣棍於把位三。棍梢後高。眼前視（北）。誘彼深入。（圖139）

　　（3）上動稍停，左腿蹬伸向前上步，身體右轉，重心右移的同時，以右把為支點，左把由後向前過頭，向下方猛

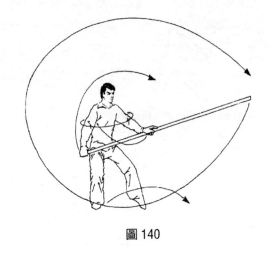

圖 140

扣棍外撥，並繼續經右側向後、向上、向前立掄一圈劈壓棍。左腳虛步前點地，右臂下垂，右手陰握把位一，左臂前下伸，陰手扣把位二三之間，眼前視（北）（圖140）

【要領】：蹬伸要靈活有力，支點、力點要清楚自如變換；掄轉棍時，肩臂肘腕要鬆活。平掄要凶，迅猛快疾，劈壓扣撥要連貫，快速有力。

40. 夜叉探海

（1）上動稍停，右腿蹬伸，向前上步的同時，身體左轉，右把上舉由後向前，棍梢由前向下、向後、向上，過右側向正前側掄的同時，左把位運至右腋下，重心移於右腿並屈膝，左腿微屈虛步前點，眼隨棍梢，右手活把。左手虎口扣棍。（圖141）

（2）上動稍停，正前右側掄的同時，左腿倒插上步，身體向右後擰轉，右手棍把上挑，左把下搬上挑，側立掄兩圈，重心移於右腿並屈膝，左腳虛步前點地。左臂屈肘陰把

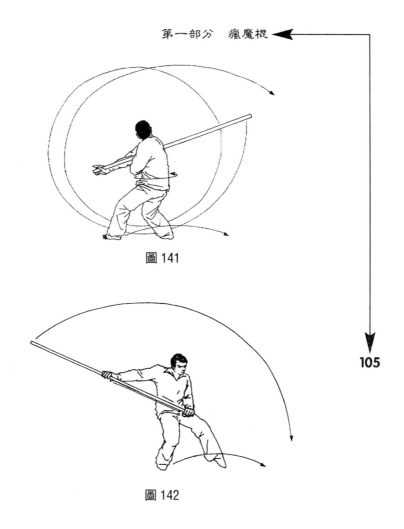

圖 141

圖 142

握棍置小腹前，右臂向後平伸，陰把扣棍。眼視正前。（圖142）

　　（3）上動不停，右腿蹬伸向前上步，重心前移弓身下坐，左腿屈膝，身體前傾的同時，以左把為支點，右把向左把處滑把靠攏，棍梢由後向前過頭，擰身翻腕扭劈；梢著地，眼視棍梢。成「探海勢」。（圖143）

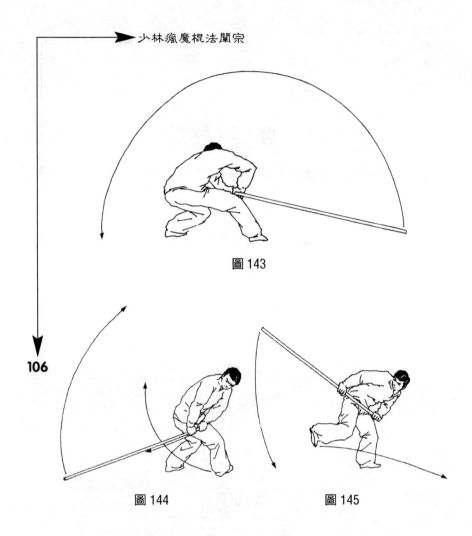

圖 143

圖 144　　　　圖 145

（4）上動不停，以左把為支點，右把為力點，借身體右後擰轉之力向後搬棍。棍梢由前過頭向後倒點棍著地。兩手陰握棍把處，兩腿屈膝內扣，眼後側視棍梢（南）。成探海勢。（圖144）

（5）上動不停，重心左移，右把向梢位二滑動，同時兩把互為支、力點；棍把和右腿同時向後上方上挑倒踢，身

體同時前傾，使棍、身協調一致。兩手陰把握棍。眼視後方（南）。（圖145）

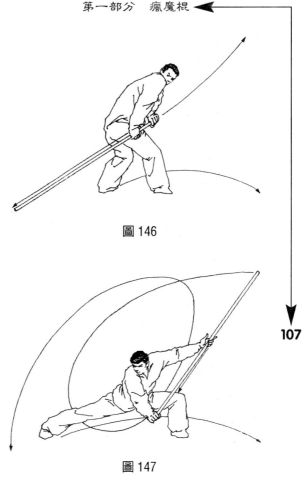

圖146

圖147

（6）上動不停，在上動棍把與後腿挑起的同時，右腿隨即上步前落，左右手互為支、力點；右把下壓，左把上提，棍把向下猛扣擊地。以上動作一氣呵成。兩腿屈膝內扣。雙手陰把握棍，眼後視棍把，成「探海勢」。（圖146）

（7）上動稍停，左腿向前（北）上步，左手向左上方抽棍，右手滑把於把位一，左手變調陽手握棍並滑把於位三的同時，左腿屈膝前弓，右腿蹬伸成仆步。回頭眼視後方（南）。（圖147）

（8）上動稍停，右腿回收後撤，向右擰腰轉身的同

時,棍梢由右上方向右側
前下方猛扣擊側掄一圈
半,向正前(南)劈擊地
的同時,左手回滑於右把
附近,雙手順把握棍,右
腿微屈膝,左腿虛步點
地。眼視棍端。成「探海
勢」。(圖148)

圖148

(9)上動稍停,左
腿蹬伸後撤的同時,棍梢
上挑過頭倒掄,至右側後中平位時,隨即由右側後向前,過
左側向後平掄一周,左手並滑把於把位三附近,陰手扣把右
臂前下垂,陰手握把,重心左移,左腿直立,右腿前伸,虛
步點地。眼視正前(南)。(圖149)

【要領】:轉步擰腰變勢,腳不能高抬,運棍要鬆肩活
肘,挑棍、掄轉、劈、點要快速迅猛,連貫有力,平掄要舒
腰活肩展臂。平
直自如,棍幅要
大。神速有力,
力透棍端。橫掃
一片。

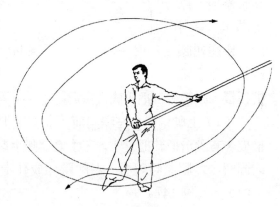

圖149

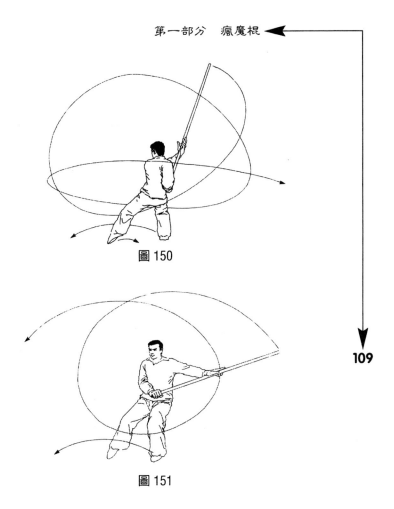

圖150

圖151

十四趟

41. 左右搬旗
42. 夜叉探海

　　十四趟「左右搬旗」、「夜叉探海」各動作分解和要領說明，與十三趟「左右搬旗」、「夜叉探海」相同，只是演練的方向相反，即南北相反。（圖150～160）

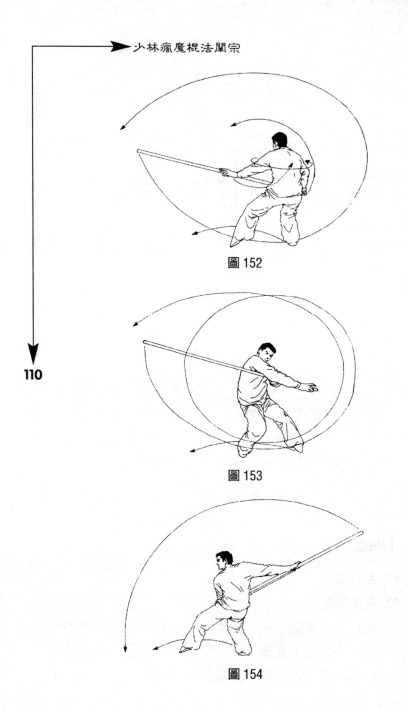

圖 152

圖 153

圖 154

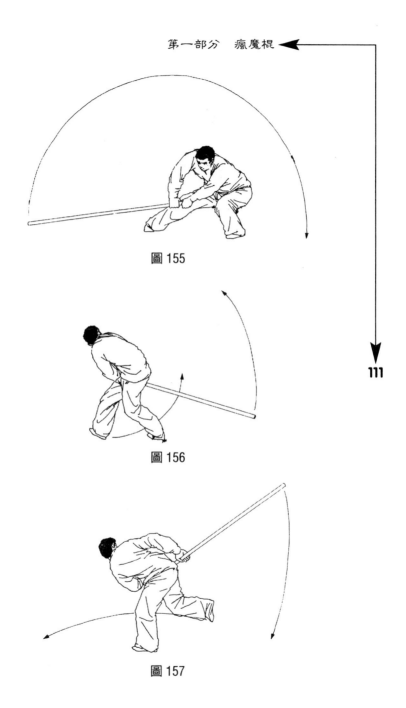

圖 155

圖 156

圖 157

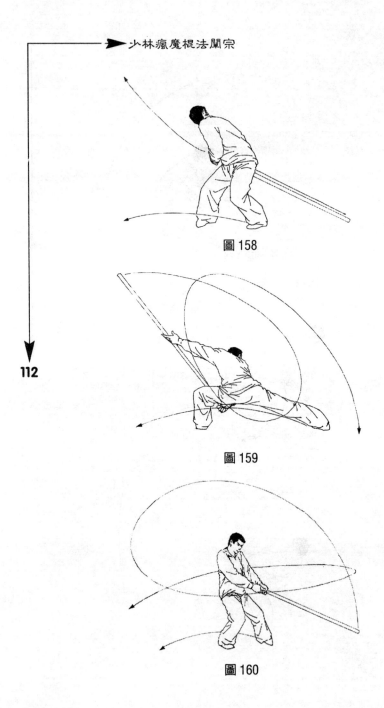

圖 158

圖 159

圖 160

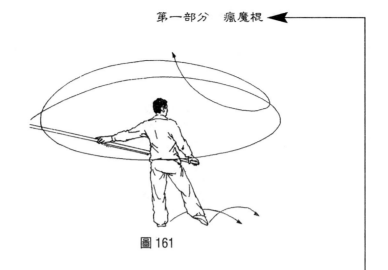

圖 161

十五趟

43. 黃龍脫甲

（圖 161）是十四趟的收勢，也是十五趟的開勢。

（1）上動稍停，上左步屈右膝向下弓身，並由左向右轉身拖右腿上步。同時以右把

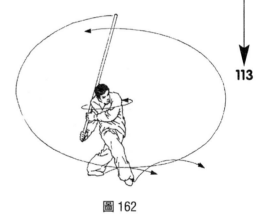

圖 162

為支點，左手向把位二滑動，棍梢由後向前過左側，再過右側平掄一圈半，至正前方。左手向右肩處同時急搬棍把，棍上下斜豎於右肩外側，雙手順把握棍，兩腿微屈膝相交。眼視正前方（北）。（圖 162）

（2）上動稍停，向前上左步，重心右移，全身左轉的同時，棍梢由右側後向前、向下反撩，再向上過左側斜掄；

圖 163

在上右步轉身斜
掄的同時,兩腿
屈膝成馬步,重
心於中,雙手順
把握棍把,梢高
把低,斜靠於右
肩外側,眼隨棍
梢。(圖 163)

圖 164

(3)上動
不停,左腿蹬伸,重心右移,左腿從右腿後向前(北)倒插
步上步,身體由右向左大轉身擰腰送肩,以雙把互為支、力
點,將棍梢由後向前過右側平掄一圈半的同時,右腿向前跟
步,轉身成馬步,坐北向南,右臂前下伸,陰把握棍,左臂
後伸,陰把扣棍於左「腹股溝」上。(圖 164)

(4)上動稍停,左腿蹬伸,重心右移,向右腳前上左
步,並向右轉身的同時,左手向右把處滑把,雙手向右肩平

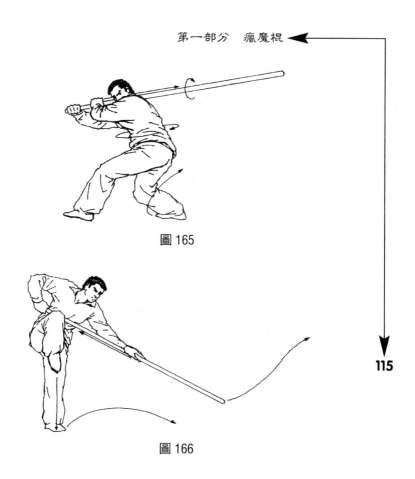

圖 165

圖 166

舉棍過頭並平擔於右肩。雙手順把握棍,重心移於右腿,左
腿內扣虛步點地。眼回視。（圖165）

　　（5）上動不停,右腿蹬伸,重心左移的同時,向右後
急轉身提右腿並屈膝於右胸前。左腿直立,同時雙手互為
支、力點,翻身擰轉,右把下後搬,回抽棍,左把前滑並向
前下壓扣棍。眼視棍梢。（圖166）

　　【要領】:蹬伸要有力,轉步擰身要靈活,以腰為軸,
支點力點要分明。掄棍幅度要大,伸腰展臂要快速連貫,劈

圖 167

擊扣壓要凶猛、有力，力透棍端。

44. 黃龍展腰

（1）上動不停，右腳急速用力向左腳處下落蹬伸，同時並向前上左步屈膝成左弓步，重心左移，以左手把位為支點，以右把為力點向前平紮中平，雙臂前伸，雙手順把握棍，眼平視棍端。（圖167）

（2）上動不停，左腿蹬伸，重心右移，右步回扣屈膝，向右轉身的同時，以左手為支點，右手為力點，向右後上方抽把擰轉棍身，左手向前滑把的同時，棍梢向外轉撥下扣。眼視棍梢。（圖168）

（3）上動不停，在棍梢向外轉撥下扣的同時，以左手為支點，右手為力點；右手下壓，回收右步的同時，左手力貫棍端而上掂。身右轉而面南，重心左移，右腿虛步前點。左腿直立。右手陰把握棍把，臂下垂。左臂後伸陰手扣棍把位三。眼視正南。成「打虎站勢」。（圖169）

【要領】：蹬伸要有力，伸腰展臂要靈活連貫；支點力點要分明，轉撥擰扣紮要快速凶猛有力，力透棍端，一氣呵成。

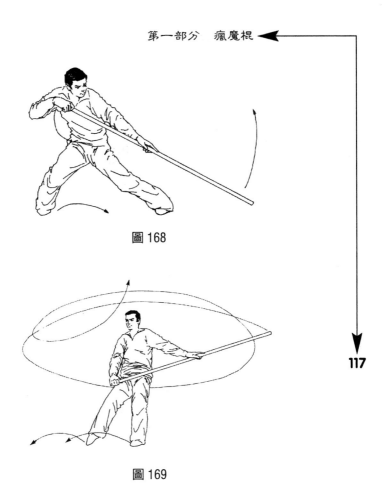

圖 168

圖 169

十六趟

45. 黃龍脫甲

46. 黃龍展腰

　　十六趟「黃龍脫甲」、「黃龍展腰」，各動作分解和要領說明，都與十五趟「黃龍脫甲」、「黃龍展腰」相同。只是在演練的方向南北相反。（圖167～176）

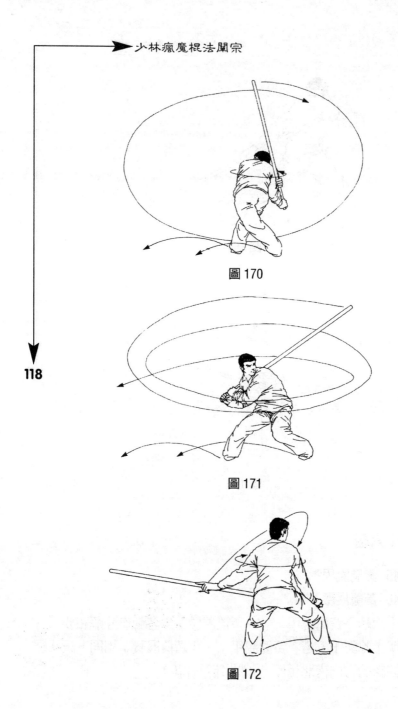

圖 170

圖 171

圖 172

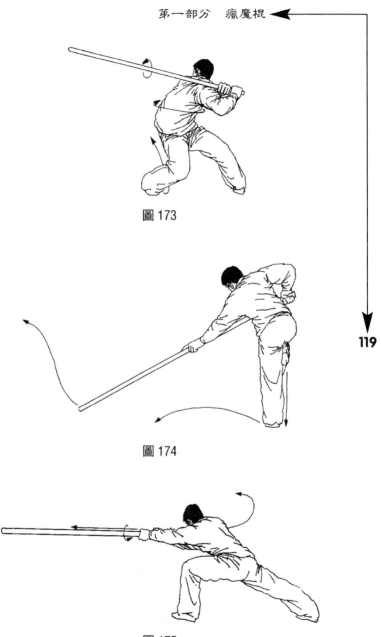

圖 173

圖 174

圖 175

圖 176

十七趙

47. 蛟龍出海

（圖 177）是十六趟的「收勢」，也是十七趟的「開勢」。

（1）上動稍停，（圖 177）提右腳向前點步的同時，左把棍梢由後經上向前蓋棍，棍梢至正前方時，同時左腳向右腳前上步，左右把同時各外翻轉腕，左把棍梢外撥下扣，右把後抽上提，兩腿微屈膝，重心於中，雙手陰把握棍，棍成中平，眼視正前方。（圖 178）

（2）上動不停，左腳向前虛步點地，右腿從左腿後倒插上步的同時，以左手為支點，右把為力點向正前猛紮，並隨即左手脫把猛扣擊右手腕上部位（扣擊右腕時要發聲，意在驚彼方），兩腿相交，兩膝微屈，重心於中。眼視正前。（圖 179）

（3）上動不停，要聲落棍到，即：雙腳原地，向右後360 度急撐步轉身的同時，雙臂放鬆掄直，棍梢由前經右側

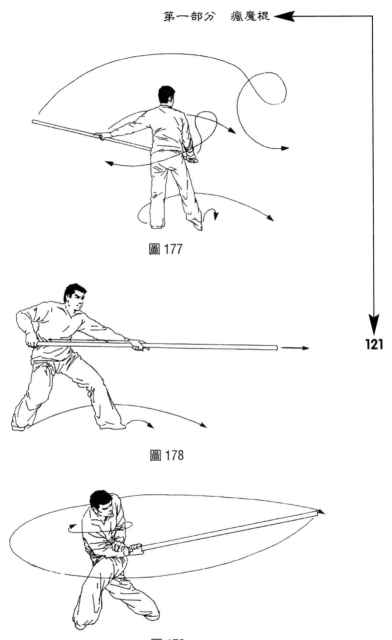

圖 177

圖 178

圖 179

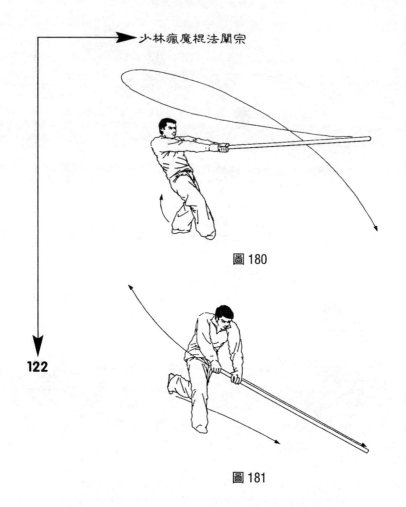

圖180

圖181

過後，經左側向前平掄一周，在掄至正前著力點時，身體微下坐後縮，以助力貫棍梢。重心於中，眼隨棍梢。（圖180）

（4）上動不停，棍梢平掄至正前著力點時不停，繼續過頭頂雲掄一圈向前、向下劈棍擊地的同時，左腿蹬伸並提起左腳，重心移於右腿，左手換為陰把，雙手陰把握棍，棍梢著地。眼視棍梢。（圖181）

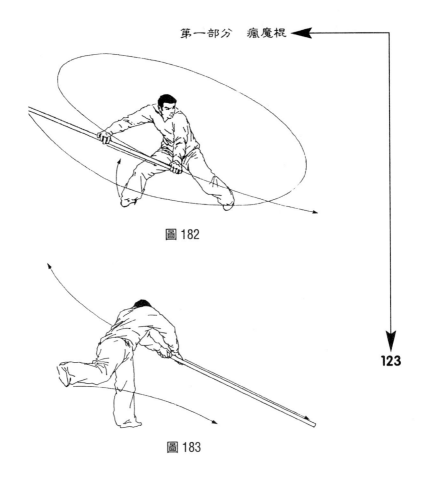

圖 182

圖 183

　　（5）上動稍停，向前上左步的同時，右手向後抽棍，左手滑把於棍梢位一，右手同時滑把於把位三鬆握把。兩腿屈膝，重心於中，眼前視。（圖182）

　　（6）上動不停，提右腿向前轉身，重心左移的同時，以左把為支點，右把為力點，棍把由後向前、向下過左側上方，經後經右側上方向前、向下，轉身斜掄一周半劈擊地；同時右手滑於左把處。雙手陰把扣棍。左腿直立，眼視棍把。（圖183）

（7）上動不停，右腿向前上步，重心前移的同時，左手向後抽棍，右手滑把位一；左手滑把位三，兩腿微屈膝，重心於中。右臂前下垂，右手陰把握

圖 184

棍。左臂後伸，陰手扣棍。眼視正前方。（圖184）

（8）上動稍停，右腿虛步前點蹬伸，左腿向前上步的同時，棍梢由後向上，過頭向前向下，經右側過後再向上、向前、向下掄一右側立掄劈棍，兩臂前伸，棍梢著地，兩手順把握棍，左腿屈膝前弓成左弓步。眼前視棍梢。（圖185）

（9）上動不停，左腿蹬伸直立，右後轉身回收右步的同時，右手向後抽棍並外搬上壓棍把。重心左移，右腿虛步

圖 185

前點地。右臂前
下垂陰把握棍，
左臂後平伸，陰
把扣棍，眼平視
正前（南）。成
「打虎站勢」。
（圖186）

【要領】：
蹬伸要有力，掄
劈幅度要大，力

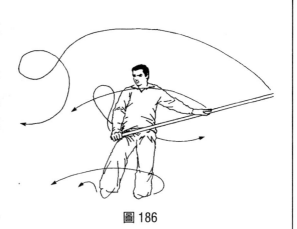

圖186

凶勢猛；雲撥要連貫靈活，轉步擰身，運棍要鬆肩活肘，以
腰帶肩，棍隨身變，身隨步移，連綿自如。

十八趟

48. 蛟龍出海

十八趟「蛟龍出海」各動作分解及要領說明，都與十七
趟「蛟龍出海」相同，只是在演練的方向南北相反。（圖
187~195）

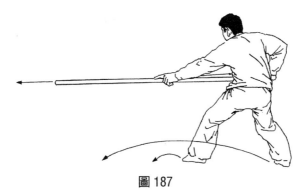

圖187

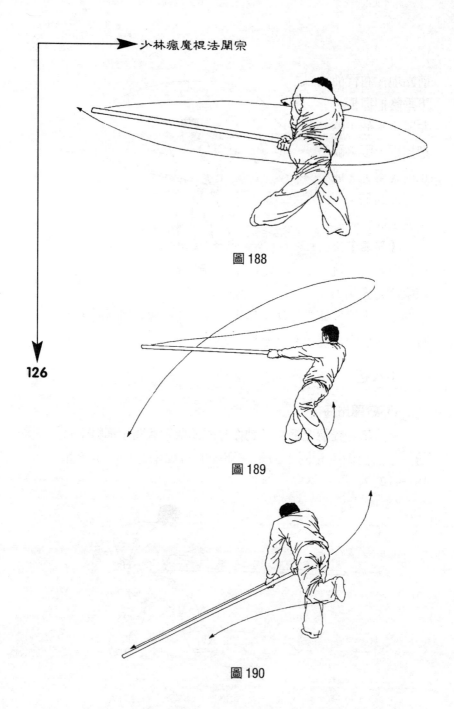

圖 188

圖 189

圖 190

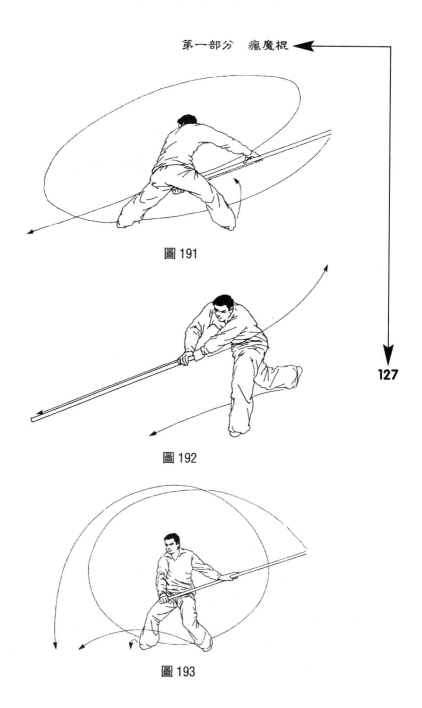

圖 191

圖 192

圖 193

圖194

圖195

收勢　獨立鰲頭

（1）接上勢（圖195），稍停，右腳前點地，隨上左步的同時，棍梢由後過頭向前、向下、過右側一右側立掄，雙臂前伸，順把握棍。向前劈擊地。左手同時滑把於右把處，右腿同時蹬伸，左腿屈膝前弓步，重心左移，眼視棍端。（圖196）

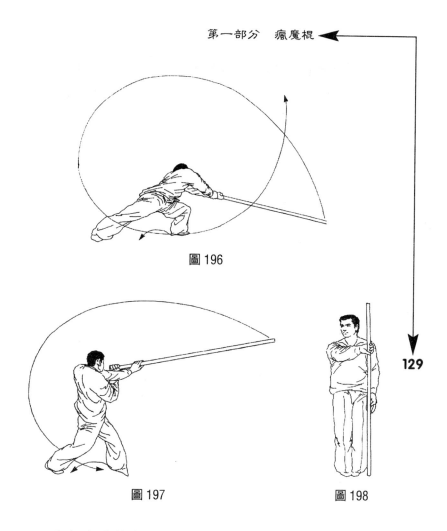

圖196

圖197　　　　　　　圖198

129

（2）上動稍停，左腿蹬伸回收的同時，棍梢由前向上反挑，向後、向下、再向前、向上反撩倒掄，過右側直取彼。雙臂左上右下相交，反把扣棍，重心於中。（圖197）

（3）上動不停，棍梢隨轉步擰身回收左步的同時，棍左側半掄，回收立於身體左側貼身，棍梢著地，身體立正，重心於中，雙手反把握棍。眼視正前（北）。（圖198）

【要領】：蹬伸、擰腰轉步要自如，圓活連貫，劈擊掄轉，肩肘腕要鬆活，凶猛快疾。身動棍動，眼隨棍走，步落棍停，身械合一。

第二部分　瘋魔鞭杆

一、瘋魔鞭杆概說

　　鞭杆（又名短棍），是短兵的一種。由於它具有經濟實用，價廉易得，演練攜帶方便，男女老少皆宜，技擊性強且手法變換神出鬼沒等優越性，所以，備受武術家及武術愛好者的喜愛。在西北等地區普遍流行。

　　鞭杆的普遍流傳與西北高原地形和落後的經濟條件不無關係。由於過去商販結幫的驢騾駄運（當地俗稱腳戶），步行者亦多以短棍為杖，行於崎嶇山路，高山村野，趕駄擋狗，防盜防匪，在實際運用中逐漸形成簡單而實用的單招手法；專心武事者，予以組排編練，使成套路。由簡到繁，由少到多。至今在甘肅隴南及青海、陝西諸省各地也常有攜帶鞭杆行商販運者仍屢見不鮮。以短棍為器械走招演式者也處處可見，蔚然成風。

　　近世清代後期，八旗、綠營廢，乃招募農民為團練（鄉勇），習武成風，退役回歸鄉里後爭習武藝，以備應募，求取功名。也有各地發配人犯，過往客商，留居西北者甚眾。

明清兩朝，邊塞設防駐軍，各地移來居民等影響，帶進各地拳種、鞭杆等各種套路也不無可能。

西北地區，「鞭杆」又稱「三尺王」，是指一般的長度而言。其實際長度在實際演練中也不盡然。一般都是按使用者的身高而定，粗約 2.5 公分。多採用堅韌度較好的臘木（也有用藤條或其他雜木製做而成的）。由於自然長成大小頭，故有梢把之分。演練時則以兩頭並重應用。不分梢把。

「鞭杆」在西北地區形成的套路，據今不完全統計，約有十數種之多。廣為稱道的，如：「陰陽門」，「鐵門門」、「武吉擔柴」、「瘋魔」、「馱騾」、「纏海」、「黃龍」、「五陰七手」、「十三法」、「探海十八手」等。

此次本人以四趟《瘋魔鞭杆》為介紹內容。因家祖對《瘋魔棍》看重，所以，在近百年來一直秘而不傳，秘而不宣。武術界有東槍西棍、南拳北腿之說，西北地區武術界對短棍鞭杆有：「五陰七手」、「十三法」、「探海只打十八下」（「下」者手也）「瘋魔鞭杆無二家」之說。而「五陰七手」、「十三法」除在極少數人中流傳外，「探海十八手」和「瘋魔鞭杆」都未曾面世過。

四趟《瘋魔鞭杆》的演練要求閃擺明快、進退分明、靈活自如多變，以獨特的「八仙步法」帶動全身。走招演勢，自始至終以腰為軸，擰腰轉步，剛柔相濟，起伏明快有力。勁發自尾閭，力貫全身，氣上肩俞，肩送时，时推腕手，勁到其走。把法靈活多變，鞭隨身，身隨步，鞭身步協調一致，手眼身步法融為一體。接打換勢，梢把並用。搶門招，力點準狠，快速有力，一氣呵成。

其套路的組成具備了短棍的優勢特點外，還吸收了棍、刀、劍、槍等器械中的技法特點，且具有短小精悍、梢把並用、變換不受限制、近者短用、遠者放長，很多器械與其不能媲美。因此，在武術的挖整工作中是值得重現的一項。由於「瘋魔八棍」有機的融入了「瘋魔鞭杆」，使「瘋魔鞭杆」之內容不但錦上添花，而且如虎添翼，演練起來顯得更加凶猛巧健且惟妙惟肖，變化異常，妙不可言。對長棍短用、短棍長用之妙更使行家裡手傾倒。

二、瘋魔鞭杆譜訣

《瘋魔鞭杆歌譜》——內含十八法「瘋魔鞭杆鞭中王、仁義君子提鞭揚，招招勢勢圈中發，提點小人休張狂，劈挑撥摺梢把忙，搬砸扭扣各逞強，飛揸捅揭任縱橫，圈蓋抽拂氣昂昂。」

三、瘋魔鞭杆把法

1. **雙手陰把：**兩手握把，兩手心向下。虎口相對，兩手互為支力點在鞭身上滑行，來改變梢與把技擊的方向。（圖1）

2. **雙手托把：**兩手托把，梢前把後，兩手心向上，虎口向前。一手扣鞭

圖1　雙手陰把

圖2　雙手托把　　　　　　　圖3　雙手抱把

把，置於胸前。一手扣緊把位三附近，梢高把低。兩手互為支力點，變換梢把技擊的方向。（圖2）

3. **雙手抱把：**兩手抱把，梢上把下，兩手心與胸相對。虎口向上。一手扣把位一，貼靠於腹部丹田處。一手鬆扣把位三附近，上下晃動，腕與小臂的擺轉來改變鞭身方向。（圖3）

4. **外扣搬把：**一手握把，一手鬆扣把，虎口相對，把下梢上，置鞭於身側。一手握把頂於腹股溝外側，一手反扣把位三附近與肩平。以把為支點，反扣把為力點，前推、側後搬拉。（圖4）

5. **平搬把：**兩手腕上下平相交，兩手扣把於胸前，手心向下，兩虎口各平向外側。一手扣把位一，另一手扣把位二附近。互為支力點，借身體的擰轉平掄擊前。（圖5）

6. **單手提把：**單手鬆握把位一。虎口向上，把上梢下，臂前伸，置鞭於身側前。鬆握把，虎口成環形，以鞭身前後晃動擊前。（圖6）

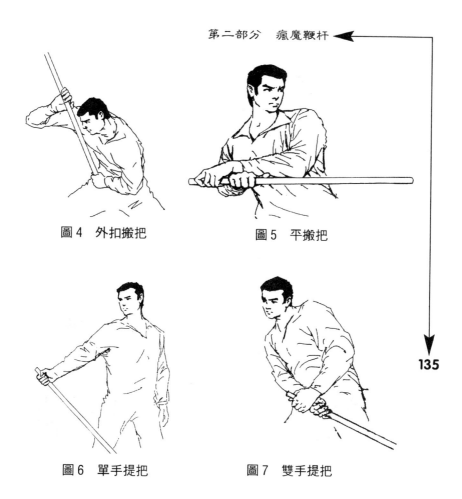

圖4　外扣搬把

圖5　平搬把

圖6　單手提把

圖7　雙手提把

135

7. **雙手提把**：雙手相交握提把，把上梢下，兩手相靠把位一附近。兩虎口向上，兩臂微屈，置把於腹前下，梢著把於身側後。雙臂向前向上伸提，以腕上翻之力使鞭梢上揚擊前。（圖7）

8. **陰陽交叉把**：兩臂上下相交，兩臂同時屈肘；上臂平抬，肘低於肩。下胳小臂貼胸前，雙把於側前，梢平，指正前側，虎口向前。下手握把位一，手心向上。上手鬆扣把

圖 8　陰陽交叉把

圖 9　搓把

圖 10　雙手扣把

位二附近，手心向下。稍前指微高，把低。可左右上下滾格。（圖 8）

　　9. **搓把**：兩手鬆扣把，兩虎口向上，兩手心相對方向，兩手同時上下滑動，改變扣把、握把位置。（圖 9）

　　10. **雙手扣把**：兩手鬆扣把，兩虎口相對，一手扣把位一，手心向裡，另一手扣把位三附近，手心朝外。兩臂屈

肘，鞭豎直於胸前。兩手互為
支力點，可改變技擊方向。
（圖10）

　　11. **單手扣把**：一手握把
位一，置把於身側後，虎口向
前，手心向下，另一手鬆扣梢
位二附近。手心向下，橫平於
腹前下，虎口相對，把後高，
梢前低。（圖11）

圖11　單手扣把

　　12. **舉把**：雙手
相靠，並順把舉握把
位一附近。兩虎口向
前，梢前把後，也可
梢上把下。任意掄
轉。（圖12）

　　（註：「把」、
「順把」、「滑
把」、「脫把」、
「換把」等把法可參閱「瘋魔棍」把法。）

圖12　舉把

137

　　13. **鞭杆把位**：用圖將鞭杆分為5個把位，以便對套路
動作的分解有較準確的說明。（圖13）

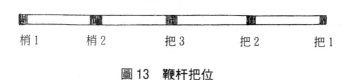

梢1　　　　　梢2　　　　　把3　　　　　把2　　　　　把1

圖13　鞭杆把位

圖1

四、四趟瘋魔鞭杆解析

第一路　艄公亂翻槳

1.站立於南北走向的場地南端之中間。面朝北，自然收頷，身體成立正姿勢。全身放鬆，兩眼平視北前方。兩腿併攏伸直，兩腳併攏朝正北。兩肩放鬆，兩臂微屈肘，自然下垂於身兩側。左手順把提鞭，握把位一二間。把朝前北，梢向身後南著地。（圖1）

2.上式不變，右腳向右前上半步，同時左腳向正前上步，重心前移，身向右前擰轉並送肩推肘，左臂順勢由後向上，向前，向下反劈一鞭；鞭梢擊地。同時右臂隨勁順勢後伸，以助平衡。兩腳微屈膝並與兩腳尖同時內扣。重心移中。左臂前下伸，陰手握把位一。眼前視。（圖2）

3.上動不停，左腳向左側轉提半步，左把過腹前向右後

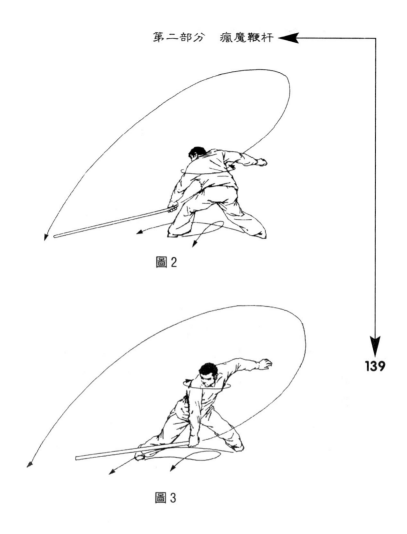

圖2

圖3

回抽把，並將把順勢交右手不停，右手順勢左轉體將鞭梢由後向上，向前，向下掄臂反劈；同時隨上右腳。梢擊地。左臂順勢後伸，以助平衡，兩腿微屈膝並與兩腳尖內扣；重心移左，右腳虛步點地。右臂前下伸，陰手握把位一。眼視鞭梢。（圖3）

　　4.上動不停，右腳向左前側上步，身體向左後擰轉，合

圖4

肩屈肘。右臂向後回抽，順勢將把交左手；左手繼續由後向
上，向前，向下伸臂反劈鞭的同時，向前上左步，與鞭梢同
時著地，右臂也向後隨之伸直，以助平衡。兩腿微屈膝與兩
腳尖同時內扣，重心移中。左臂前伸，陰手握把位一。眼視
鞭梢。（圖4）

【要領】：以上轉體擰身反臂掄臂三鞭，都係陰把反臂
大掄劈。為接二連三、一氣呵成之勢。要以腰為軸，擰身轉
步，左右閃擺，蹬伸有力，體械配合得當，出手凶猛有力，
手眼身步法融為一體。

5.上動稍停，重心後移，左步向後回收，同時向右後擰
腰轉力，順勢將左把向後回軸，與右把合併握把，雙手陰手
握把。向前上右步的同時，由後向前，向下劈擊地。兩腿微
屈膝與兩腳尖同時內扣，重心移左，右腳尖虛步點地。兩手
陰握把位一。回首看北前方。（圖5）

6.上動稍停，在回首的同時，向右擰腰轉身，雙手將鞭
梢隨身體的右擰轉，向右斜上方上撩；兩腿微屈，兩腳內

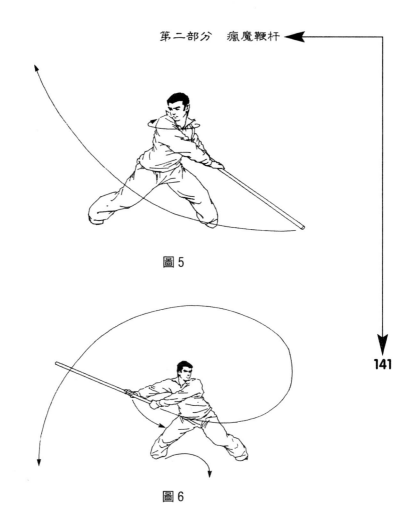

圖5

圖6

扣，重心移中，兩臂向右側前伸，雙手陰把，左手握把位
一，右手扣握位二。同時急回首。眼視左前。（圖6）

　　7.上動不停，重心後移於左腿，同時向左前上右步，左
把後抽並脫地。右把前滑於梢位一，左把也滑靠右把處，互
為支力點；上體向右擰轉的同時，雙手向右側前扣鞭擊地。
兩腿相交微屈，重心移右腿，左腳尖點地。兩臂腕陰陽交叉

圖 7

圖 8

把握鞭。眼視鞭梢。（圖7）

　　8.上動稍停，左腳向右前快速轉體上步，同時以右把為支點，左手鬆握把為力點，將鞭梢順右側向後下撥，上翻、下扭劈，鞭梢擊地。兩腿微屈，兩腳尖內扣，重心移中。兩臂前下伸，右手陽手握把位一，左手陽手扣把位二附近。眼視左前。（圖8）

9. 上動稍停，向前上右腳，並向左後轉體回首的同時，左手變陰把扣把位二，以右把為支點，左把為力點，將鞭由前過上，向後回搬，外飛。鞭梢在身後擊地。兩腳尖內扣，兩腿微屈，重心移中。兩臂下伸，雙手陰把握鞭，靠於腹股溝下方外側。眼回視鞭梢。（圖9）

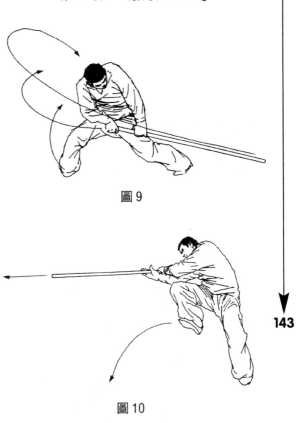

圖9

圖10

10. 上動稍停，右腿回收提膝，重心移於左腿並獨立，同時右手抽把，左手前滑梢位一，並變為陽手握把，將鞭梢向右側斜上方回搬上提、反撩的同時，兩手交叉陰陽把握鞭把，鞭杆平指北。兩臂微前伸，兩肘與右膝相合，眼視正前北。（圖10）

11. 上動不停，在鞭上提、反撩的同時，右腳前落，重心前移，雙臂前伸，鞭梢直掙正前。兩手陰陽交叉把握鞭把。兩腳內扣，兩腿屈膝，重心移中。眼視正前。（圖

11）

12. 上動不停，在鞭梢直揮正前的同時，以左手為支點，右手扣把為力點，順右側回拉下撥不停，隨即左手變把反扣，前推下壓，鞭梢由後

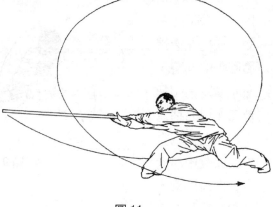

圖11

過上，向前向下，扭打回劈。重心移左腿，兩腿微屈膝，兩腳內扣，右腳虛步蹬地。雙手陰手握把。眼視正前。（圖12）

【要領】：以上各勢的變換，不論是抽鞭調把，轉步擰腰反勢，下撥上提，扭打，都要迅猛有力，應用得當，變換迅速分明，融為一體。

13. 上動不停，左把後抽變陽把，右把前滑於梢位一。陰手

圖12

握把的同時，右腳前提，向右轉身，鞭梢由後經上，向前向下，雙手舉把劈鞭。前擊地。兩腳內扣，兩腿微屈膝，重心移中。兩臂前伸，眼視鞭梢。（圖13）

14. 上動稍停，左腳過右腳前，向右前側過步並虛步點地。同時以右把為支點，左手扣把為力點，將鞭梢由前向

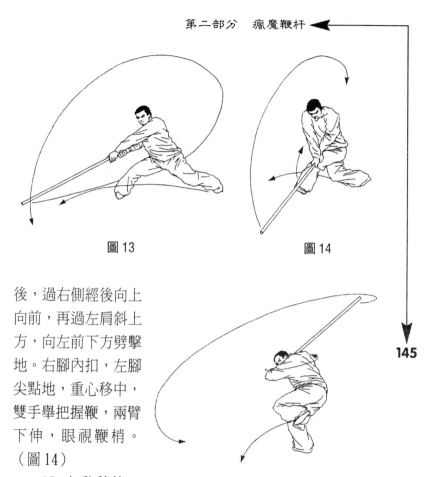

圖 13　　　　　　　　　圖 14

145

後，過右側經後向上
向前，再過左肩斜上
方，向左前下方劈擊
地。右腳內扣，左腳
尖點地，重心移中，
雙手舉把握鞭，兩臂
下伸，眼視鞭梢。
（圖 14）

　　15. 上動稍停，
向右前上右步，身向

圖 15

右側擰轉，雙手同時向上，向後挑鞭過頭，橫擔於右肩，雙
手握把靠攏肩頭。兩肘平抬，雙手舉把，隨挑鞭梢的同時，
提左腿屈膝，右腿也屈膝半蹲。重心移於右腿。梢高把低。
眼視正前。（圖 15）

　　16. 上動不停，在挑鞭橫擔，提左腿的同時，左腳前
點，雙把同時將鞭梢由右肩斜上方向前，向下向左前，斜劈

擊地。兩腳內扣，兩腿微屈膝，左腳虛步。兩肩前合，雙臂前伸直，兩手舉把，重心移中。眼視正前鞭梢。（圖16）

圖16

17.上動稍停，右腳向左後倒插步，身體向右後180度擰轉的同時，左腳外擰順轉，右把後抽，左把前滑於把位三附近；以右把為支點，左把為力點，左把

圖17

回搬平掄，當轉體回搬平掄至正面朝南時，鞭不停，繼續向右側後回搬，左把同時回滑於右把處。右手陰握把位一，左手陰手扣把。鞭身靠於臂肩肘間，把低梢高。兩腳內扣，兩腿微屈膝，重心移中，眼視正前方。（圖17）

【要領】：轉步擰身，以腰為軸，腳不能高抬。調把抽鞭，要快速有力，靈活自如，掄劈要迅猛快疾，力透梢端。身械合一，始終一體。

第二路 和尚抖袈裟

1.上動稍停，右腳蹬伸，左腳向左側前上步，上體左轉擰腰的同時，鞭與右臂接觸點為支點，以雙手握把為力點，由右後經右側，向前，向下斜劈至正前方（南）右腳跟進半步，重心前移於左腿，右腿屈膝，左腿微屈，兩腳內扣，雙臂前伸，右手陽手握把，左手

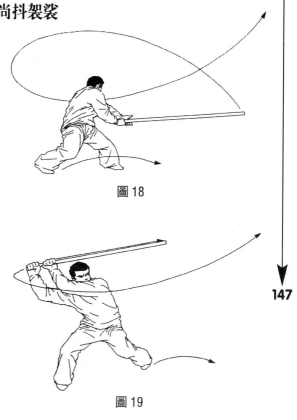

圖18

圖19

陽手托把並與右把靠攏。眼視正前。（圖18）

2.上動不停，右腿向右側前上步，以右把為支點，左扣把為力點，同時將鞭梢由前向左右上挑回搬；鞭挑至頭頂上方正前面時，左手隨即變陰把握鞭，雙手同時前推橫攔，雙臂屈肘平舉右擺於右側前。兩腿屈膝內扣，重心移中。眼視正前（南）。（圖19）

3.上動不停，右手平舉把，左手滑把於梢位一。同時左

147

腳向左側前過步，
以左把為支點。右
把為力點向左手處
滑把的同時，將鞭
把由右側平掃橫點
正前。重心前移於
左腿。右腿蹬伸，
腳尖虛步點地。雙
臂屈肘平抬，雙手
陰把握鞭梢。眼視
正前。（圖20）

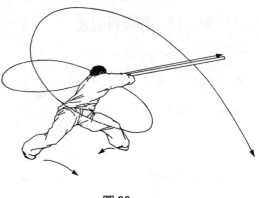

圖 20

　4.上動不停，
隨左手向左後抽
把，同時右腳前點
地，左腳向後收半
步，身體左擰右手
前滑於把位一。以
右把為支點，左把
向右把處回滑的同
時，身體向右擰

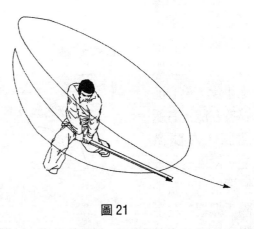

圖 21

轉，鞭梢由後過左側向前，向下再過右側，向右後上方斜掄
一周，再向前向下摺鞭擊地。兩腿屈膝與兩腳尖同時內扣。
重心移中。雙手陰把握把。眼視鞭梢。（圖21）

　5.上動稍停，上動摺擊地的同時，右把後抽於右側後上
方，左把前滑把位一。同時以左把為支點，右把鬆握為力點
向左擰轉身的同時，右把向下，向前斜掄並向左把處回滑靠

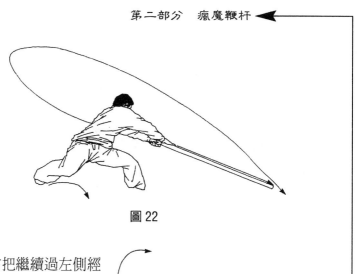

圖 22

攏，右把繼續過左側經後過右前抽下掄劈擊地。兩臂前伸，雙手順把握把。重心移左腿，右腿屈膝，虛步點地，眼視正前。（圖22）

【要領】：以上各法，都以腰為軸，擰身轉步、蹬伸要輕快有

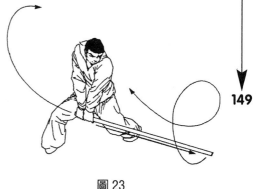

圖 23

力。抽鞭調把，要配合得當，協調一致。以陰把為主，左右掄劈，支力點要分明。上下變換要明快有力。手眼身步法要協調一致，成為整體勁。

6.上動稍停，接上勢，左把後抽於左右上方，右把前滑於梢位一的同時，右腳向右前上步，借上體向右下擰腰合肩之力，左把向右把處滑靠，將鞭由左後側上方向正前扭劈擊地。兩腿微屈膝並與兩腳尖同時內扣。兩臂向正前下伸直，兩手陰手握把，眼視鞭梢。（圖23）

7.上動不停，接上勢，在鞭梢劈擊地的同時，以左右把互為支力點：右把向下，左把轉腕上提，轉腕使鞭梢外扣一圈，同時右把向右後側上抽把，滑行脫把。左把前滑於把位一附近。右手隨即順把握把位一與左把靠攏。雙臂屈肘，雙手成舉把，並靠於右肩頭，

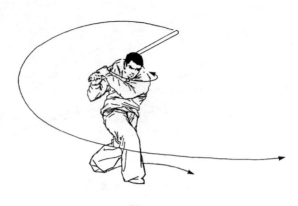

圖24

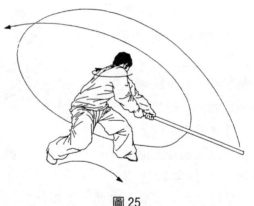

圖25

把前低，梢後高。重心移於右腿並屈膝。左腿屈膝，虛步點地。眼視正前。（圖24）

8.上動稍停，左腿向前上步的同時，雙把借身體向左擰轉身之力，鞭梢不著地。兩腿屈膝，身體前傾，重心移左。雙臂前伸，雙手成舉把。右腳虛步點地。眼視鞭梢。（圖25）

9.上動稍停，以右把為支點，左把為力點，左手將鞭梢由前向上向後反挑至身後的同時，隨即向前上右步，同時將鞭由後向下向前撩至正前，借向右擰腰轉身之力再向右肩處回搬。雙臂屈肘，雙手

圖26

陰把抱鞭於右側並直立。兩腿屈膝，重心移右腿，左腳虛步跟步。眼視正前。（圖26）

10.上動不停，左步上前，身體向左擰轉的同時，雙臂前伸，鞭由右格至左前時，雙臂向左肋處屈肘回收，同時身體前傾，右把上抬，左把下壓向外滾撥（前傾、左右把抬壓、外滾撥諸法要一氣呵成）。左腿屈膝，重心左移，右腿蹬伸、腳尖點地。眼視正前。（圖27）

圖27

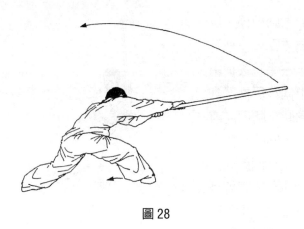

圖28

11. 上動不停，右腿向前蹬伸的同時，左手變陰把前滑，並向後回搬，左手滑至梢位一時，以右手鬆握把為支點，以左把為力點，雙臂同時向前快速直點戳。兩腿微屈膝，兩腳尖內扣，重心移中，身前傾，兩臂前伸，左手陽手握把；右手陰手扣把。眼視正前。（圖28）

【要領】：以上搬點格扣，滾壓抬戳等法，都以擰腰轉步相緊密配合。上中下三盤協調一致，融為一體。出手要明快，發力要凶猛。

12. 上動不停，在鞭梢直戳正前的同時，右腿蹬伸並回收半步，借重心向左後移之力，以左把為支點，右把為力點，將鞭向右側回搬，重心下沉，右把同時上滑於把位三，反手握把；左手陰把握把，鞭直立於右側。兩腿屈膝。兩腳尖內收，重心於中。眼視正前。（圖29）

13. 上動不停，鞭身回搬，重心後移下沉的同時，右腳前點，重心前移，左腿向前跟步，與此同時，身體向左擰轉，以左把為支點，右把為力點，前點擊地。右手回滑靠攏

左把。兩腿屈膝，
右腳虛步點地。兩
臂前下伸直，兩手
陰把握把。眼視正
前。（圖30）

14. 上動稍
停，左把後抽於左
側後上方，右把前
滑於把位一，同
時，右腿向前轉步
擰身，左腿提膝向
前跟步，與此同
時，雙手陰把將鞭
由左側後上，向前
向下扭劈擊地。兩
腿屈膝。重心右
移。左腳虛步點
地。眼視正前鞭
梢。（圖31）

15. 上動不
停，左腿前上，右
把後抽於右側後上
方，左把前滑把位
一的同時，兩臂同
時舉鞭過頭並背
鞭，右手陰把握

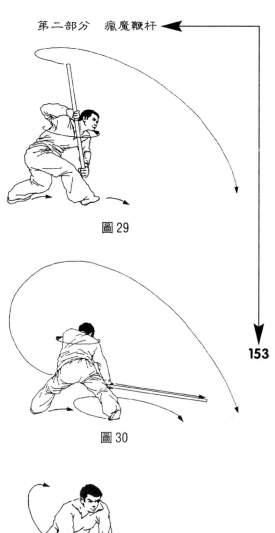

圖 29

圖 30

圖 31

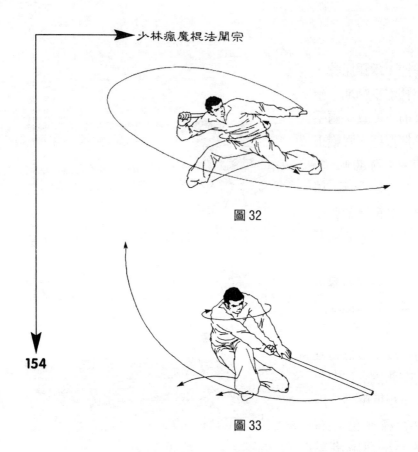

圖 32

圖 33

把，左臂後伸陰把反握。兩腿屈膝兩腳尖同時內扣。重心於中，身側傾。眼回視正前。（圖 32）

16. 上動不停，當雙手舉把過頭背鞭的同時，右腿蹬伸，右腳向左腳回收倒插步，重心後移，與此同時，借身體向左後擰轉之力，左手脫把，右把將鞭由左側後經右側向前向下，掄劈擊地。左腿屈膝，重心於左，右腿後插，虛步點地。身前傾，兩臂前伸，左手繼續陰把握把。（鬆扣把）眼視正前。（圖 33）

【要領】：左右變換，以陰把為主。以腰為軸，擰身轉

圖 34　　　　　　　　　　圖 35

步，蹬伸要明快有力。變招換式要明快，出手要迅疾凶猛。自始至終，三盤齊動，身械協調，融為一體。

第三路　和尚亂敲鐘

1.上動稍停，向右側前上右步，重心右移，同時隨身體右擰轉以右把為支點，左把為力點，雙臂向右回屈肘，將鞭向右側回搬（雙手抱鞭的同時），左腳向右腳處跟半步，虛步點地。兩腿微屈膝，重心移中。右臂屈肘，小臂貼腹；右手握鞭把，左手扣把位三附近。眼視正前。（圖34）

2.上動不停，左腿向左側前上半步，身體向左擰轉，同時雙手將鞭向左側滾格，右腳隨左腳前點半步，虛步點地。兩腿屈膝，重心移中，雙手交叉陰陽把扣把。鞭梢背左側前。眼視鞭梢。（圖35）

3.上動不停，向右側前上右步，身體向右擰轉，雙臂隨身體的右擰轉，將鞭向右滾格，左腳向右跟進半步，虛步點地。兩腿微屈膝，重心移中，右臂屈肘，貼腹，右手握把，

左手扣把位三附近，眼視左前。（圖36）

【要領】：左右上步為左右交擺，步不能高抬，步法要輕捷明快，蹬伸要有力。以腰為由，擰轉要快速有力沉穩，鞭隨身的擰轉進行滾格推搬，要迅猛有力，上中下三盤，融為一體，全身下沉前繃爆發。

156

圖 36

圖 37

4. 上動稍停，向正前上左步的同時，以右把為支點，左把為力點，鞭梢隨身體向左擰轉之力，由左前向後，向下，過右側向前，向上倒掄上挑掛至右側正前。雙臂屈肘，雙手陰陽交叉把握把。兩腿微屈膝，重心移左，右腳虛步前點地。眼視正前。（圖37）

5. 上動不停，接上勢，隨身體的右後180度擰轉，鞭梢繼續由前過頭，向後向下搬劈。兩腿微屈膝，重心移右，左

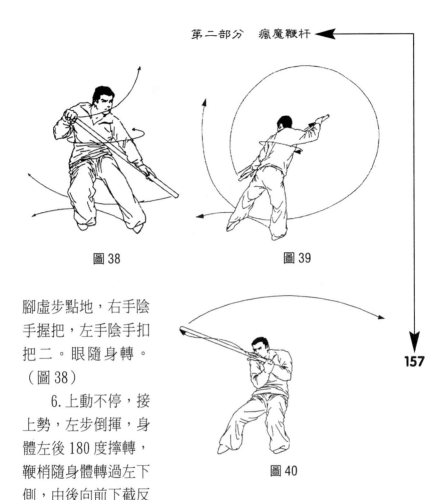

圖38

圖39

圖40

腳虛步點地，右手陰手握把，左手陰手扣把二。眼隨身轉。（圖38）

6.上動不停，接上勢，左步倒揮，身體左後180度擰轉，鞭梢隨身體轉過左下側，由後向前下截反挑，虛步點地。右臂右前側高抬，微屈肘，陰手握把，左臂前下伸，陰手扣把。眼視左前。（圖39）

7.上動不停，繼續向前上右步，身體向右前擰轉的同時，左把上抬，右把下壓，左把上抬的同時，向右手處滑把靠攏，鞭梢由前上搬過右側後，向下，過右側下，向前，向上反撩上挑，雙手陰陽交叉把。雙臂屈肘於胸前。兩腿屈膝，重心移左，右腳虛步前點眼視正前。（圖40）

圖 41

【要領】：以上幾動，以腰為軸，大幅度擰腰轉步，收步要縮身，開步要展腰，下壓上搬，反撩下截，要快速迅猛連貫，不能停頓，運鞭走勢要鞭隨身，身隨步，身械協調一致。

8.上動稍停，以右把為支點，左把為力點，擰轉前滑後搬，左腿屈膝重心移左。右腿微屈虛步點地。右臂前下伸直，陰手握把於腹前，左臂後伸上揚陰手扣把。眼視正前。（圖 41）

9.上動不停，左腿蹬伸，重心前移，右腿前屈膝弓步，同時以右把鬆握為支點，向後滑靠於左把。左把與靠攏之右把處，同時為力點，雙臂前伸，向前直戳地，雙手陰把握把。眼視鞭梢。（圖 42）

10.上動不停，右腿蹬伸，重心高提的同時，雙臂將鞭梢向上平挑，同時右步上前，雙臂將鞭向下劈剉。重心同時隨之下坐。以右手為支點下壓，左手為力點向後微抽提（此勁要借擰腰轉步的爆發力同時完成）。重心左移，左腿屈膝。右腿前伸，虛步點地。眼視正前。（圖 43）

11. 上動稍停，左腿蹬伸，向正前過步，重心上提前移於右腿的同時，以右把為支點鬆握，左把後軸，右把前滑於鞭梢位一；右手變陽把同時向右把滑靠，鞭

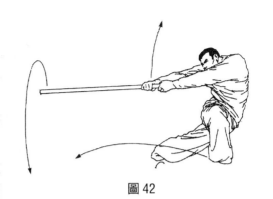

圖 42

把由身後過頭，雙手舉把向正前下劈擊地。兩腿微屈膝，重心移右，左腿虛步前點。眼視正前。（圖 44）

12.上動稍停，以右把為支點下壓，左把為力點上挑的同時，向前上右腿擰身轉步，同時鞭梢由前上挑右搬，過右側向右後，再過右下側向前，向上撩。雙臂屈肘於胸前，雙手陰陽交叉把握把。重心移左，左腿屈膝，右腿微屈前點。眼視正前。（圖 45）

圖 43　　　　　　　　圖 44

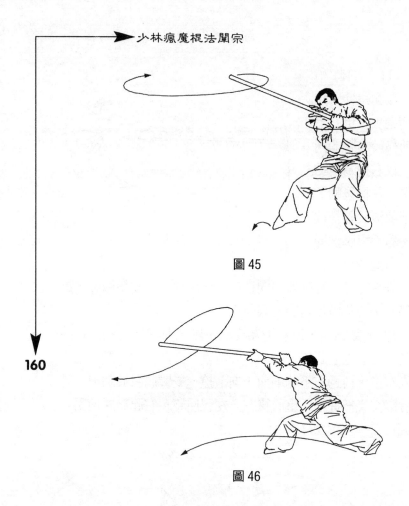

圖 45

圖 46

13. 上動不停，接上動隨即右腿向前上步蹬伸，重心前移於右腿，身向右擰轉，右肘向上翻抬，左臂前推並向上翻腕，將鞭梢隨即蹦出向右前側平點擊。鞭平於眼高，鞭梢高於鞭把，右陰左陽手握把。眼視前鞭梢。（圖 46）

14. 上動不停，接上動前點，左腿蹬伸向前上步，重心前移的同時，身體隨即向左前擰轉之力，以左把為支點，右把為力點，向左側前推，左上右下轉臂翻腕，向前平點擊。

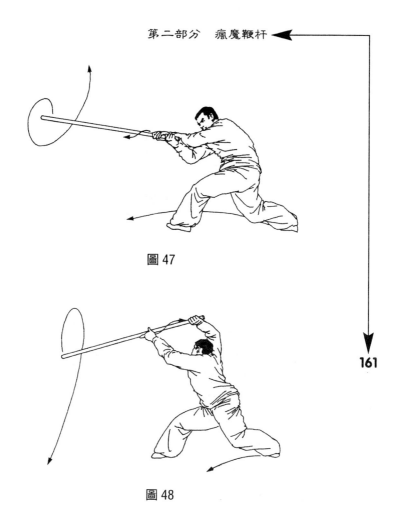

圖 47

圖 48

兩手陰陽交叉把握把。雙臂前伸。兩腿屈膝，重心移中。眼視鞭梢。（圖 47）

　　15.上動不停，接上動向左側平點擊之力，右腿蹬伸向前上步，重心上提，雙臂左下右上翻腕，左腕前滑把位二上翻，右腕上提，雙臂上舉，鞭向外平撥擊，兩腿微屈膝，重心移中。雙手成托把勢。眼視鞭梢。（圖 48）

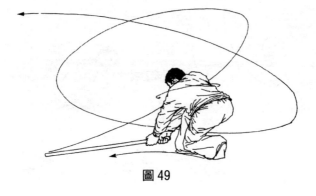

圖49

16. 上動不停，借雙臂上抬之力，左步隨即向右腿處跟步的同時，左手向右手處滑把靠攏。重心下沉，身體下蹲，雙臂腕用力同時下翻劈擊地。雙臂前下伸，雙手舉把握把。右腿前屈，重心右移，左腿於右腿後跪膝。眼視鞭梢。（圖49）

圖50

17. 上動稍停，兩腿蹬伸，重心上提，向前上左腳的同時，身體向左180度擰轉，左把由下向右側上搬，再向左側後下撂，前撩至右側再回搬，雙手抱鞭於右側；鞭直之。兩腿屈膝，重心於右，左腳虛步點地。眼回視（南）。（圖50）

【要領】：以腰為軸，轉身過步，腳不能高抬，左右擰轉，蹬伸要輕快有力。平推側點，上舉下劈，幅度要大，力點要準狠，身械協調一致，勁力要整體，一氣呵成。

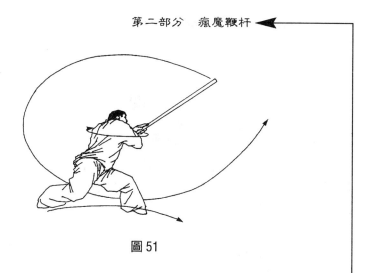

圖 51

第四路　狂風亂擺柳

　　1.上動稍停，向前上左步，向左擰腰轉身的同時，雙臂將鞭梢由右側上後，向下向前，繼而反撩擊地至左側前，兩腿屈膝，重心前移於左腿弓步，右腿虛步蹬地。雙手陰陽交叉把握把，

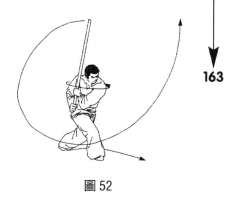

圖 52

置左側胸前。鞭梢前高，把低。眼視鞭梢。（圖 51）

　　2.上動不停，鞭梢擊至左前側的同時，借向前右步，身向右擰轉之勁力，雙臂腕放鬆，將鞭梢由左前撂左後，向下過左側向前反撩劈至右側前，再向右回搬至右側，雙手順把屈肘，回抱鞭身貼於右胸側。兩腿微屈膝，重心前移於右腿，左腿虛步蹬地。眼視正前。（圖 52）

　　3.上動不停，隨向右側回搬，隨即向前上左步，身體向

圖 53

左擰轉，放鬆兩臂腕，將
鞭由右側後向下向前，向
上反撩劈，撩至左側正前
時，隨即雙臂翻腕外撥，
相交為陰陽把，握鞭；鞭
梢順勢擊左側。兩腿微屈
膝，重心移前腿。眼視鞭
梢。（圖53）

4.上動不停，接上
勁，鞭梢撩左前側，隨即

圖 54

向右側上右步，借身體向右擰轉之勁力，雙臂左下右上翻
腕，鞭梢在頭頂上方，由前過右側上，經後過左側上方雲掄
一圈，直擊正前。雙臂向右側上方翻轉高抬，右腿前弓，重
心前移，左腿虛步蹬伸。右手陰陽握把，左手陽手托把。眼
視正前。（圖54）

【要領】：以腰為軸，左右擰轉，移步變勢，腳不能高
抬。反撩斜擊，幅度要大，快速連貫，力透梢端。動作要明
快，力點要準狠，身械協調一致，一氣呵成。

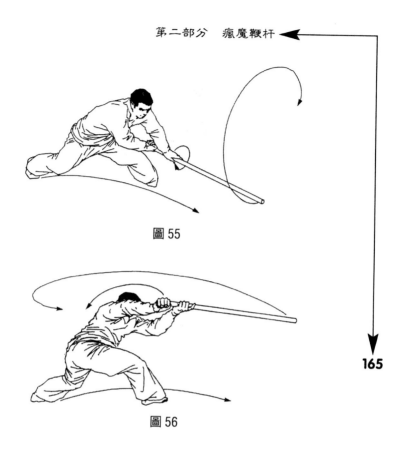

圖 55

圖 56

　　5.上動不停，向前上左步，兩腿屈膝下蹲，重心下移的同時，轉步向左擰腰，雙臂右下左上外翻轉，鞭梢由左上向右側撥擊。雙手陰陽交叉把握把。重心於中。兩腿屈膝內扣。眼視鞭梢。（圖 55）

　　6.上動不停，借上動向右下側擰轉撥擊之勁力；右步前上，重心上提，向右擰腰轉身的同時，兩臂右上左下向左側外翻轉；鞭梢由右向左側平點擊。兩腿屈膝，重心於中。雙臂向右外側平伸，右手陰手握把，左手陽手托把，鞭平直。眼視正前鞭梢。（圖 56）

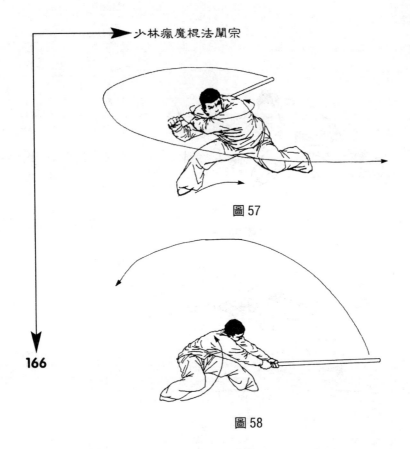

圖 57

圖 58

　　7.上動稍停，向前上左步，身前弓，重心下坐的同時，雙臂回屈肘，兩把將鞭身由前經左側上方過頭，鞭把靠於右肩外側，雙手陰手握把。兩腳尖內扣。眼前視。（圖57）

　　8.上動不停，在上動鞭靠於右肩外側的同時，右腿回收，雙手將鞭由右側平掄至正前，身前弓，兩腿屈膝，重心於中，雙臂前伸，雙手順把。眼正前視。（圖58）

　　9.上動稍停，雙手將鞭由前向後挑起，橫平擔於右肩的同時，提起右腿屈膝，同時以左右手互為支力點，向前推送，雙手移於把位三，陰手握鞭。重心於左。眼視前。（圖

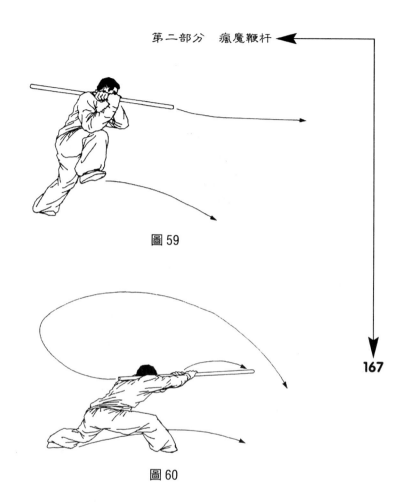

圖59

圖60

59）

　　10.前動不停，在鞭橫平擔前送的同時，右腳前落，雙手將把向前戳。要伸腰展臂。雙手陰手握把，鞭平直，身前傾，兩腳微內扣，兩腿屈膝。重心於中。眼視正前。（圖60）

　　11.上動不停，在雙把前戳的同時，左腿向前上步，左把滑把位一，並下壓回搬，同時右把前推回滑靠近左把；以

圖61

肩為支點，將
鞭梢由後過
頭，向正前擰
身送肩劈擊。
雙臂前下伸
直，雙手順把
握把，左腿屈
膝，腳虛步蹬
地。眼視正
前。（圖61）

圖62

【要領】：上下翻轉，左右平掄斜擊，搬點戳都以腰為軸，擰身轉步，快速連貫，力透梢端。身械始終協調一致，融為一體。

12.上動稍停，右腿向右前側上步的同時，身向右擰轉，左把前、右把後成陰手鬆把，將鞭梢由前下扣回撥，再向後向上過頭向前下劈、後拉（在向前下劈時，左把同時也變為陰把）。兩腿微屈膝，重心於中，兩臂向前下伸直──雙手拖鞭在身左側前，鞭梢在身後。眼視鞭梢。（圖

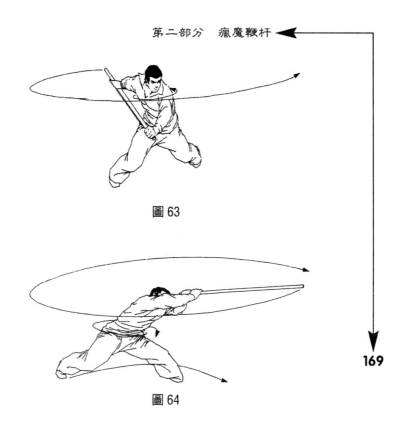

圖 63

圖 64

62）

　　13.上動不停，雙手下鍘劈，回拉的同時，以左把為支點，鬆握鞭之右把後抽。左把前滑梢位一，雙手陰手握把，重心於中，兩腿微屈膝與兩腳同時內扣，眼視正前。（圖63）

　　14.上動不停，當右把後抽，左把前滑的同時，以左把為支點，右把為力點，以腰為軸，身體向左擰轉，將鞭把雲轉過右側平掄點擊正前。右把回滑靠近左把，雙臂前伸平抬，雙手陰手握把，身前弓傾；兩腿屈膝同時內扣，重心於中，眼視正前。（圖64）

圖 65

15.上動稍停，右腳從左腿後向前倒插步，以腰為軸，360度右後擰轉身的同時，雙手陽把將鞭由前經後側，過身後經左側向前雲掄側點擊正前。左把隨即變陽手扣把，右手陰手鬆扣把。雙臂前抬屈肘。

圖 66

身前弓，兩腿屈膝與兩腳同時內扣。重心移中。眼隨鞭梢。（圖 65）

16.上勁稍停，接上勢，左手向下向後抽把，右手前滑把位一的同時，右腿蹬伸虛步前點。重心後移於左腿。右臂微屈肘，陰手握把貼於右腹前，左臂後伸，陽手托把。眼視正前。（圖 66）

17.上動稍停，左腿蹬伸向右腳前上步內扣，並向右後

180 度轉身的同時，以右把為支點，左把將鞭梢向前、向下打一右側立掄一圈扣擊，並變為陰手握把，向右把處回滑。右腳隨轉身向左腳處回收靠攏，成立正勢。重心於中。兩臂自然放鬆下垂。左手陰把提鞭。眼視正前。（圖 67）

圖 67

【要領】：上述套路係全身運動，必須整體勁。需以腰為軸，擰身轉步，移步變形，腳不能高抬。身械相隨，眼隨鞭，鞭隨身，身隨步，走招演勢。各法變換幅度要大，伸屈明快，力點要準狠，快速有力敏捷。柔中寓剛，招招纏綿不斷，變幻莫測。始終自然輕鬆。勁力內含，融為一體。鞭杆的「手」、「盤樁」、「技擊法」、「法則」（動作）等都是演練實用技法的重要組成部分。

五、八仙步法解析

拳械演練，在左右閃擺、上下起伏、擰身轉步、變換招式的過程中，要輕鬆自如，氣容丹田，含胸拔背，兩腿虛實有度。膝微屈，身微弓，重心始終在兩腿間轉移。重心在一腳腳掌的五分之三掌面上——足前掌，虛的另一足趾跟點地——虛步點地。著力點隨身體運動的變向而改變。這對「變招換勢」、「虛實變換」之招勢招法的靈活性是極其重要的。

「變招換勢」中，一腿蹬、一腿跟要協調一致，快速有

力，形成有節有度的整體勁為「八仙步」。「八仙步法」在鞭杆的演練和技擊中尤為重要。

六、鞭杆諸法

鞭杆（也稱短棍）的演練方法較多，這裡不可能一一蒐集成冊，只是將本人所知相關法則招式書錄於後，供同仁參考。

西北，特別是蘭州地區武術界同仁對「鞭杆」稱道方面有一段膾炙人口的順口溜在民間流傳：

「五陰」、「七手」、「十三法」、「纏海只打十八下」，「風魔鞭杆」不二家。

需要說明的是，「鞭杆五陰」、「七手」和「十三法」短小精悍，其套路手法招式的詳盡演練在武術界同仁中傳授極為保守，因此不多；「纏海十八手」和「瘋魔鞭杆」都未曾面世，此其一。

「纏海只打十八手」（即纏海十八下）一句中的「纏海」二字，實為「探海」，將「探」誤傳誤讀為「纏」字。於此說明，此其二。

（一）鞭杆二十八法

搬砸扭扣，劈挑撥撂，

滾掂蹾戳，雲掄刮挌，

提點抖撅，飛揸捅揭，

圈蓋抽拂，袈裟要脫。

（二）鞭杆五陰譜訣

右閃跟步右搬砸，右進勾杆提扭打，
犁下劃上使左搬，急退撝後外飛疾，
左腿收轉雙飛銕，抽杆備後接七手。

（三）鞭杆七手譜訣

彼若猛劈當頭棒，右閃斜提彼手膀，
他進我揸拖杆掛，刮後伊退便使砸，
擘步撬右往下扣，調過杆頭紮咽喉，
滾身下撥單手躂，轉還急忙鐵扇剁，
下撝防下硬靠提，退後連打雙拉鞭，
不待敵寧外飛轉，撐身橫步雙挾鞭，
擘步迴旋變百般，調面還需二回頭。

（四）鞭杆十三法

1. 二回頭。2. 倒搬槳。3. 枯樹盤根。4. 鐵扇子。5. 無中生有。6. 扣拂串喉。7. 十字八道。8. 老翁拄拐。9. 轉還外飛。10. 紐鐙上馬。11. 左右搬點。12. 移步換形。13. 三砸三挌。

（五）鞭杆十三法譜訣

移步換形二回頭，三砸三挌鐵扇扣，
轉還外飛無中有，老翁拄拐十字手，
左右搬點枯樹愁，倒搬槳法水倒流，
紐鐙上馬纏身走，扣拂串喉不能丟。

（六）鞭杆「探海十八手」（之六手）

1. 畫龍點睛。 　2. 玉女穿梭。 　3. 易如反掌。
4. 莽蛇出洞。 　5. 青龍戲珠。 　6. 探海取珠。

【說明】：「五陰」、「七手」主要在體現「陰手」和「陰把」的重要性，也不是五種和七種手法。其後在原有五種和七種手法的基礎上有了增刪和改進，大大豐富和提升了技擊的內容，使其更加精悍完美，不失為鞭杆中的精華。

七、瘋魔鞭杆「五陰、七手、十三法」解析

174

（一）鞭杆五陰

譜訣：

> 右閃跟步右搬砸，右進勾杆提扭打，
> 犁下刮上使左搬，急退擢後外飛疾，
> 右腿收轉陰手鐧，抽杆備後接七手。

持械者自然站立，氣容丹田，自然吸呼，兩腿自然分開；兩腳、左腳或稍前站，右腳或稍前站（隨自己習慣）；右手陰手握鞭把，左手陰手扣鞭身，鞭梢稍高，置於腹前，或橫式。兩臂微屈肘約 90 度即可。全身放鬆，眼平視正前。（圖1）

兩手握鞭切忌過緊，因過緊會使上臂肩、肘、腕節發僵、發硬、發直並失去靈活性。這樣，不但不能更好的吞胸拔背，舒臂展腰，更不能靈活自如地變換運用鞭杆的運動方

向及應發揮的力度和勁度。
同時，掌面及每個指關節與
鞭杆的每個接觸點在運用過
程中，特別是在變招換式過
程中的支點和力點的移動對
發力有著至關重要的作用。

圖1

鞭杆要鬆握，鬆握才能
在鞭身鞭杆運動、變換、發
勁的過程中更好地產生整體
勁。所謂整體勁，也就是我
們通常所要求的頭、肩、肘、胯、膝；手、眼、身、步、法
同時有力有節，一氣呵成的運動全過程。才能產生出有力有
節，變換無窮的神韻效果。需要強調的是，整個演練過程，
步法是關鍵。一般採用特殊的「八仙步」法。也不例外有些
同道採用自身演練的自己習慣的步法。

1. 右閃跟步右搬砸

（1）持械者在演練時的每一個技擊動作，在技擊發揮
時，意念中要有一個假設的對械者為宜，這樣容易理解並發
揮其應有的效應。

接（圖1）中動作，勢起要意念氣至肩俞、肩推肘、肘
推腕手，意到鞭走；持械者向自身右前側上右步（閃），並
隨即跟上左步的同時，以右手握鞭把為支點，以左手鬆握鞭
身為力點，將鞭梢由左前側經身前向右側身前搬回；在搬的
同時，使身體重心移於右腿，右步跟進於右腳側後並虛步點
地，並屈膝。雙手鬆握鞭身、鞭梢於右上，把於右下，屈肘
合腕，將鞭置於胸右側前。眼視正前。勢成（圖2）。

圖2   圖3

（2）接上勢（圖2）中，勢成屈肘合腕，身體向右擰轉抱鞭於右胸側前時，鞭在運動中不停（而此時動作已成屈肘、合腕、抱鞭的態勢）。即時含胸拔背，突然爆發，將雙臂向前猛推擊的同時，左手回滑於右手處相靠的同時，兩手腕向前、向下、向外翻滾，使鞭梢向前、向下劈砸，與此同時，身之重心上提，並向右前擰身送右肩，左步鬆蹬並向右腿後隨步跟進。這樣，鞭梢才能在前推、兩腕外翻、下劈砸的過程中產生力加力的雙重整體勁效果。勢成（圖3）。

2. 右進勾杆扭打

（1）接上勢（圖3）中，勢成雙臂前推，兩手腕向外翻滾、向下劈砸的同時，兩手握鞭把，左前右後相靠。隨即以左手鬆握鞭梢為支點，以右手握鞭把為力點向身體左後側抽鞭梢，右手脫把並與左手握把相抱的同時將鞭梢向身體右側前上提（身體向右側前下方傾斜勢），直取彼手腕。勢成（圖4、5）的同時，又以右手握把為支點，隨即左手脫把並變陰手在原脫把位置陰握把與右手相靠，將鞭梢由前向身體右側後、再向上、向前，在上左步的同時向右前擰身送右

176

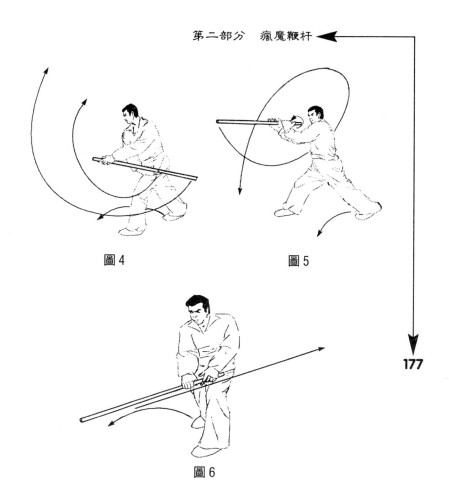

圖4　　　　　　　　　　圖5

圖6

肩，抬右肘翻腕將鞭梢反臂砸劈於正前。

　　眼視鞭梢正前。以上動作擰身轉步、送肩抬肘、翻腕劈砸、交手換把，全身鬆活，肩、肘腕要靈活，要迅猛連貫，一氣呵成。

　　【勢成】：兩手陰把握鞭梢置於左腹前，鞭把在身體左側前點地。身體前微弓，兩腿半屈膝，右肩前送，左肩於左側後。身體重心於兩腿前。待發。（圖6）

（2）接上勢（圖6）中，以右手鬆握把為支點，以左手鬆握鞭梢為力點向左側身後抽鞭（要快速）的同時，左手速滑至右手處，兩手握鞭把相靠，兩腿右前方發，鞭梢於身後左側，鞭身貼於身左側，身體重心於中，眼前視。（圖7）

圖7

3. 犁下刮上使左搬

（1）接上勢（圖7）中，左手滑把右手處，兩手相靠的瞬間，左腿蹬伸，左步並向右腳處上步跟進，兩手相靠緊握鞭把由左側將鞭梢向右前猛提，伸腰展臂，兩腕前送上翻挑，使鞭梢由下上揚，直取彼方腕部或下身。以上動作要迅猛、快速連貫，彈挑上揚要有力。（圖8）

（2）接上勢（圖8）中，在上勢中雙手相靠向前提鞭

圖8

上揚（犁）至右前時，以兩手握鞭把為支點，左步向左後側撤半步擰身的同時，雙手將鞭把下翻，鞭身成直立，雙手反握把向左側身後搬回。鞭身梢上斜立於身體左側前。勢成兩腿屈膝，身體重心於中，含胸；右臂屈肘於身體右前，順把握把；左臂屈肘於左側前抬，反手扣把於右手上。眼順於前。（圖9）

圖9

4. 急退撂後外飛疾

（1）接上勢（圖9）中，上勢雙手翻把向左側身前搬回的同時，以左手鬆握鞭把為支點，以右手握把為力點，左手將鞭梢作身體左側後外旋轉360度側掄的同時，右手借身體向右擰轉之力，將鞭把抽送於右肩後，同時右手隨即脫把並速回靠於左手握鞭處相靠；將鞭身擔於右肩上。把前梢後，把低梢高（成二郎擔山勢）。

以上擰身轉步，抽鞭調把交手要迅速快捷，全身整體齊動，一氣呵成。（圖10）

圖10

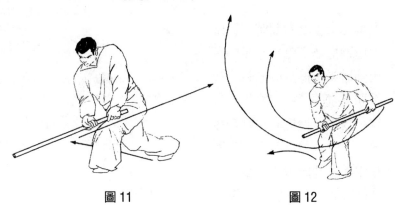

圖 11   圖 12

5. 右腿收轉陰手銚

（2）接上接（圖10）中，上勢雙手順把握鞭並將鞭身擔於右肩（成二郎擔山勢）即時身體重心左移，身體並向左前擰轉，吞胸拔背，向右前送肩，雙手握把向下向左側回拉，借右腿後伸收腹之整體勁力將鞭向前銚下。左手順把握把於後，右把順把握把於前。眼前下視鞭梢，身前弓，身體重心於左腿。上動中要有力有節，擰身轉步，吞胸拔背，送肩提膝，銚鞭前弓要協調一致，迅猛有力，一氣呵成。（圖11）

6. 抽鞭備後接「七手」

接上勢（圖11）中，以左腿屈膝前弓為重心，右腿屈膝虛點地於身後，以右手順握把為支點，以左手順握把為力點，左腿蹬伸，身體重心前移的同時，右腿向右側前上步，同時左手向左側身後抽鞭，右手成順把握鞭把於左側前，左手順把握鞭把梢於左側後。兩腿屈膝，身前微傾，含胸鬆肩，眼視正前。勢成「七手」預備勢。要氣容丹田，全身放鬆、自如。（圖12）

（二）鞭杆七手

譜訣：

> 彼若猛劈當頭棒，右閃斜提彼手膀，
>
> 他進我揸抱杆掛，刮後伊退便使砸，
>
> 擎步撓右往下扣，調過杆頭紮咽喉，
>
> 滾身下撥單手躑，轉還急忙鐵扇剁，
>
> 下撂防下硬靠提，退後連打雙拉鞭，
>
> 不待彼寧外飛轉，擰身轉步雙挾鞭，
>
> 擎步回旋變百般，調面還需二回頭。

1. 彼若猛劈當頭棒，右閃斜提彼手膀

接上勢（圖12）中，上動身體重心於左腿，右腿屈膝虛步於右側後點地，身體微前傾，右手順把握鞭把於身體左側前，左手順把握鞭梢於身體左側後，全身放鬆，神態自如，身體重心於左前；在左腿蹬伸，身體重心微上提右移，右腿借勢向右前側閃擺上步，左手隨即順勢脫把向左身側後甩動的同時，展腰送肩，右臂前提，借小臂上抬，手腕上翻之勁力上挑抖動爆發鞭梢。直取彼手腕臂。以上動作之完成，蹬伸要有力，送臂腕上挑抖動要迅猛，閃擺要明快。（圖13）

圖13

圖 14

2. 他進我揸抱杆掛

接上勢（圖13）中，在右手腕上翻，鞭梢直取彼腕臂的同時，左手速上右手處速抱鞭把與右手握鞭把附近。雙手將鞭梢前揸，同時以左手鬆扣把為支點，以右手順把握把為力點將左手扣把向右側腋下回拉，右手握把下掛。在下掛時，身體要下蹲，上身同時要下弓，上下起伏，要連貫協調，快速有力。（圖14）

3. 刮後伊退便使砸

接上勢（圖14）中，上勢中鞭梢迅猛上挑，雙手抱鞭向前下揸並掛之機，身體急速向左擰轉，向左後提腿，向左側身前擺步的同時，左手速在右手握把前扣鞭把，並以右手握把為力點，以左手握按鞭把支點，將鞭梢由右身側後向上、向前、向下左側前翻劈砸，鞭梢擊地於身體左前。同時左臂順勁向身體左後掄出。這樣，給右臂的向前翻劈予以平衡並加力。整個動作的完成過程，必須含胸拔背，展臂掄膀，送肩、活腕要協調一致、迅猛有力、快捷連貫，一氣呵

成。（圖15）

4.擎步撬右往下扣，調過杆頭紮咽喉

（1）接上勢（圖15）中，上動劈砸擊地的同時，右手握把即變為鬆握把，左手迅速從右把後抽鞭於左身後；右腿屈膝前弓步、左腿後伸於身體左側後，腳尖蹬地。身體重心於右前。右肩前送，並鬆肩虛臂，右手陰把握鞭把置於右腿膝內側處。左臂於身體左側後伸、左手陰把扣鞭梢。身體微前傾，眼視正前。

（圖16）

（2）接上勢（圖16）中，右腿蹬伸，身體重心上提前移的同時，以右手握把為支點，以左手握把為力點，借左步前上，身體向右擰轉之力，左手將鞭梢由身體左側後向下、向前向右側前犁平掄於身體側右後。在平掄的過程中，兩手順勢換交手：左手陰手握鞭梢於右側前，右手陰手扣鞭梢於身體

圖 15

圖 16

右側後。鞭身貼右側胯上。左腿前弓，右腿後伸，右腳虛步蹬地。身體重心於中，眼前視。杆頭直紮咽喉。（圖17）

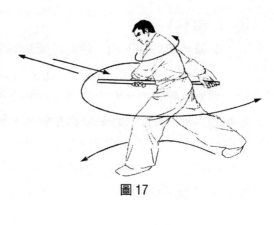

圖17

（3）接上勢（圖17）中，左腿蹬伸，重心上提，以左手握把為支點，以右手陰把扣鞭梢為力點，借右步上前，身體向左擰轉之力，右手將鞭梢由身體右側後向上、向前、向左側平掄於身體側

圖18

左後（身體向左後擰轉180度，面向背後）。身體前傾，右臂右前伸，右手陽手扣鞭梢於右前抬，左臂屈肘，左手順把扣鞭身於右腋下，左腿屈膝前弓，右腿後伸，重心於右腿。含胸拔背。眼回視右後。（圖18）

以上動作擰身轉步要靈活，蹬伸要有力，換杆、交手換把要迅速快捷連貫，一氣呵成。

5. 滾身下撥雙手躜

接上勢（圖18）中，右手陽手扣鞭把於身體右側前，

圖 19

右臂前伸，左手陽手鬆扣鞭身於右臂腋下，鞭身夾於右腋下，鞭把前高、鞭梢後低。在眼後視的同時，雙腿同時前蹬，身體重心前移，隨勢兩足跟微提起；在身體前弓、重心後坐、兩足趾根同時前蹬，全身後滑，雙手借身體後滑之力將鞭梢向身後用力蹬出（在雙手握鞭向後蹬之即，左手速脫把並與右把前相靠抱鞭蹬出，方能勁順力到）。（圖 19）

6. 轉還急忙鐵扇剃

（1）接上勢（圖 19）中，上動中雙手握鞭並將鞭梢向身後蹬出，此時身體重心移於左腿，右步向左前過步的同時，又以右手鬆握把為支點，以左手握把為力點將鞭把前抽，眼回視右側後。

（2）接上勢，右步蹬伸，身體重心前移於左腿，右腿在向左前過步的同時，以右手握鞭把為支點，以左手鬆握鞭梢為力點，身體向右擰轉左手將鞭梢向右前側扇剃，扣擊。（圖 20）

（3）接上勢，在上動中鞭梢向右側身前扇剃，扣擊

地。此時身體重心右移於右腿，以右步為支點，左步速向右前過步前上的同時，以左手握把為支點，以右手鬆握把為力點，迅猛向身體左前側扇剃，扣擊地。（圖21）

　　註：（圖22）與（圖21）動作相同，只是分左右。要求一致，即

圖20

變換交手，調把要快速、迅猛、靈活自如；身械協調一致，一氣呵成。

7.下撂防下硬靠提

　　（1）接上勢（圖22）中，在上動鞭梢向右前扇剃、扣擊地的同時，以左手陰把握鞭把為支點，以右手陽手鬆握鞭身為力點，身體重心於左腿為支點，在右步蹬伸向身體右前擰身上步之力將鞭梢由下向右前撂過靠提。蹬伸要快速有力，伸腰展臂，擰身轉步要協調一致，靠提要快速迅猛有

圖21

186

力。一氣呵成。（圖23）

（2）接上勢（圖23）中，在上動靠提，鞭梢於身體正前上方不停，即可將右腳前蹬伸，身體重心後移於左腿的同時，右腿隨勢回收並虛步屈膝點地於左腳內側。以左手握把為支點，以右手扣把為力點將鞭梢由前過正前再向下、向右後掄半圓並抽回於右側身後。左手陰把握把於右前，右

圖22

手順握鞭身於身右側後；身體重心於左腿。身體微前含胸、鬆肩，眼前視。（圖24）

（3）接上勢（圖24）中，上動中身體重心於左腿，接右步前上之力，以左手陰手握把為支點，以右手鬆握鞭身為力點，向前將鞭梢橫掃於身體正前。勢成右前弓步，眼視鞭梢，身體重心於中，左腿微屈膝虛步後蹬。以上動作上步要穩，出杆要快速有力，身械協調一致。（圖25）

圖23

圖 24

圖 25

8. 退後連打雙拉鞭

（1）接上勢（圖 25）中，上動中向前將鞭梢橫掃於身體正前，順勢右步前蹬，身體重心左移，同時右步後撤，右手鬆握鞭身為支點，左手為力點將鞭抽向身體左側後不停，繼而將鞭把由左向身體正前擰身反扣劈，鞭把擊地（抽鞭、撤步、擰身反扣劈等一系列連續動作，要蹬伸有力快捷，含胸拔背，舒腰展臂，大開大合，交手換把要自然明快，身械協調一致，一氣呵成）。眼視正前擊地處。（圖26）

圖26

（2）接上勢（圖26）
中，上動勢成兩腿左前右側
後，兩腿屈膝微下蹲，含胸
拔背，重心於中，右手陰把
握鞭梢，左手陰把扣鞭於右
手處相靠；即時右腿蹬伸，
身體重心上提的同時，左步
回收並虛步前點地，同時以
左把鬆握鞭為支點，以右把
為力點將鞭後抽於身體右側

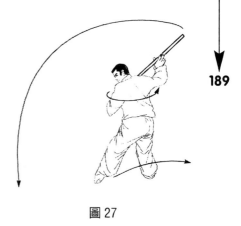

圖27

後，梢後高，把低於胸前。眼視正前。（圖27）

（3）接上勢（圖27）中，上動勢成右腿屈膝身體微下
蹲，重心於右腿，左腿虛步前點；即時左腿後撤，身體向左
擰身轉步，同時以左手陰手握把為支點，以右手陰手扣把為
力點將左把回拉後抽，右把向正前翻劈砸並擊地。眼視正
前。以上動作身械協調，連貫明快一致，交把換手要自然，

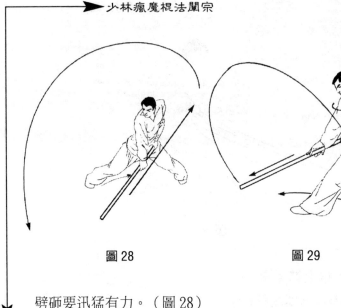

圖 28　　　　　　圖 29

劈砸要迅猛有力。（圖 28）

　　接上勢（圖 28）中，順勢右腿蹬伸，身體重心上提，右腿向右後撤步的同時，以右把為支點、左把為力點將鞭向身體左後抽，鞭不停；繼而以右把為支點、以左把為力點將鞭向身體正前翻劈砸擊地。眼視正前。（圖 29）

　　以上「退後連打雙拉鞭」共左右二個，演練技擊要領一致。可反覆演練，其妙韻無窮。

9. 不待彼寧外飛轉

　　接上勢（圖 29）中，上動以左把為力點將鞭向身體正前翻劈砸擊地，即時右腿借左腿蹬伸，重心上提前移之勁力，向左腿前擰身上步的同時，以右手順把握鞭把為支點，以左把鬆扣把為力點將鞭梢由前向上、向身體左後側外飛，同時左手前滑於鞭梢握把，右手後抽於身體右側後高抬虎口扣鞭把。重心於右腿，左腿虛步前點。眼視左側前。（圖 30）

圖 30　　　　　　　　　　圖 31

　　以上外飛是走閃側進的技擊法；擰身轉步要明快，抽鞭滑把要流暢自如、快捷。身械協調一致，一氣呵成。

10. 擰身轉步雙挾鞭

　　（1）接上勢（圖30）中，在上動中，身體重心於右腿、左腿虛步前點，即時左步微前點，重心在移動的同時，右步向外擰轉，以左手握把為支點，以右手鬆握把為力點，將鞭把由右側後上方向前、向下右側前橫劈下；同時左把順勢回拉上微抬送至右臂腋下相夾。在下劈時要借擰身轉步之力，右臂前伸鬆肩推肘，左手上抬，右手下掭壓，產生掭勁擊發，其效力甚妙。在上抬下壓的同時，必須向上提身、提肛、閉氣而產生爆發力。反覆演練，由熟到精。（圖31）

　　（2）接上勢（圖31）中，上動中鞭把由右側後上方向前向下、左側前橫劈下的同時，左腿向右腿側後過步，身體180度轉體，同時隨轉體之勁力後撤於左側後，右手反手拉鞭把送到右腹下，左臂高抬前送，左手順把扣鞭身前舉於左側前。身體勢成正立，兩腿右前左後，重心於中，伸腰展臂

圖32　　　　　　　　　　　　圖33

且合胸。眼視正前。（圖32）

（3）接上勢（圖32）中，接上動左臂高抬前送鞭梢不停，繼續以右把為支點，以左把為力點借右步前點，左步跟進，身體向右擰轉之勁力將鞭梢向前劈擊。劈擊時左臂前壓，（左手回滑）右手上抬送於左臂腋下挾鞭。（圖33）

11. 擎步迴旋變百般，調面還需二回頭

（1）接上勢（圖33）中，隨勢身體重心移於右腿，右步隨勢向左腿前擎過並擰身轉體的同時，以右手握鞭把為支點，以左手鬆握鞭身為力點將鞭身上抬撓過頭並擔於右肩上，左手同時滑把於右把處相靠。身微前傾，身體重心於左腿，右腳虛步點地於左步後，成吞胸拔背勢。眼視左側前下。上動要身械協調一致，一氣呵成。擰身轉步要連貫自然。（圖34）

（2）接（圖34）中，上動右步隨勢向左腿外側前快速扣步並落腳的同時，身體也隨右步向左180度轉身，左步借身體擰轉之力順勢向身體右側後擎步，成右前弓步，左腿虛

圖 34

圖 35

步後蹬。身體重心於右腿，
身體前弓並含胸拔背，雙手
抱鞭把於右肩前，鞭擔於右
肩不變，把前低，梢後高。
眼視正前。（圖35）

　　（3）接上勢（圖35）
中，順上勢右腿微後蹬，身
體重心後移於左腿的同時；
右步向左內扣，重心又右移

圖 36

於右腿，身體順勢360度大轉身，（同時吞胸拔背），借快
速回提左腿之力，右肩前送，雙手合把向前、向下翻腕壓
劈。迴旋原地。勢成「二回頭」。眼前視鞭梢；雙臂身前下
垂。以上動各法要連貫，快速有力，身械協調一致，擰身轉
步要靈活自如，下劈要準、狠。（圖36）

　　（4）接上勢（圖36）中，當上動雙手合把將鞭梢下劈
壓至身體前下的同時，舒臂展腰，左步回落還原，身體提

伸，同時以右手握把為支點，以左手鬆握把為力點將鞭身向上向回回搬，右臂屈肘，陰手握把於身體右側前；左臂鬆肩後伸，陽手握鞭梢於左側身後。重心於兩腿間。眼視正前。氣容丹田。（圖37）

圖37

以上鞭杆「五陰」、「七手」成。

（三）鞭杆十三法

1.倒搬槳　2.老翁拄拐　3.無中生有　4.扣拂串喉　5.三砸三挌　6.左右搬點　7.移步換形　8.二回頭　9.枯樹盤根　10.鐵扇子　11.紉鐙上馬　12.轉還外飛　13.十字八道

鞭杆十三法譜訣

> 移步換形二回頭，三砸三挌鐵扇扣，
> 轉還外飛無中有，老翁拄拐十字手，
> 左右搬點枯樹愁，倒搬槳法水倒流，
> 紉鐙上馬纏身走，扣拂串喉不可留。

註：鐵扇扣——鐵扇子；枯樹愁——枯樹盤根；十字手——十字八道；無中有——無中生有。

1. 倒搬槳

（1）勢成右前弓步，腳微內扣，左腿微屈膝後蹬伸於身體左側後，身前傾，重心於右腿，含胸拔背，鬆肩肘；兩臂微屈肘下垂於右腿外側膝前。右手陰手握鞭把，左手手心鬆頂於把根端；指微扣於把上。鞭梢拖於右側身後，氣容丹

圖1-1

田，眼視身後。（圖 1-1）

（2）接上勢中，順勢將身體重心微上提並後移於左腿的瞬間，右腳前點的同時，以右手握鞭把為支點，左手心頂把根端為力點將鞭梢由側後下向前、向上、向後向下反側掄劈

圖1-2

擊地。在反側掄的同時，向前上左步並緊跟上右步於前。在鞭梢反劈擊地的同時，以左手變握把為支點下壓，以右手握把為力點向上猛提，使鞭梢反挑以擊對方陰部及其他。（圖 1-2）

以上演練要連續反覆，左右相同。要求身械協調一致，快速迅猛連貫；靈活自如，吞吐得當，起伏有節。肩肘腕要鬆活，發勁要有力。

2. 老翁拄拐

（1）身體自然站立，眼視正前，身體重心於左腿，右腿虛步前點地，含胸，全身放鬆。右手順把握鞭把並將鞭梢拖於身體右側後，左臂自然下垂。手放鬆半握。（圖2-1）

圖 2-1

（2）接上勢，順勢身體重心微後坐移於右腿的瞬間，左腳前點半步並隨即向正前大步上右步的同時，身體向前、向左擰轉並含胸拔背，舒腰展臂，鬆肩活腕，一併將鞭梢由後向前斜掄平掃。在右步向

圖 2-2

前上落腳，轉體擰掄鞭的同時，急速回提左腿。（圖2-2）

上動要身械協調，融為一體，快速連貫。

（3）接上勢，在鞭梢掄至正前時，動作不停，鞭梢一直掄至身體左側後擊地。（圖2-3）

（4）在鞭梢擊地的同時，上左手與右手換把交手，並陰手握鞭把，並向前上左步，右腿向右側後擺步成左腿前弓

圖 2-3

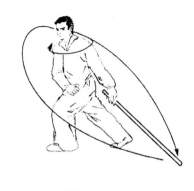

圖 2-4

步。右腿後伸虛步蹬地。
左手抱鞭於身體左側後，
右臂下垂屈肘自然置於左
腹股處。含胸，眼前視。
連續做與右臂抱鞭於右側
後相同的演練動作。即左
右相同，反覆演練，融會
貫通，其妙無窮。（圖
2-4）

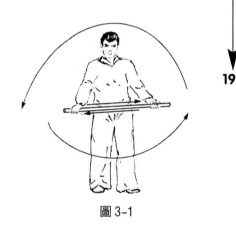

圖 3-1

3. 無中生有

（1）自然站立，全身放鬆，氣容丹田，眼平視正前，
右手陰把鬆握鞭把於身體右側，左手陽手鬆握把於左側。兩
臂鬆肩微屈肘。重心於中，兩腿微屈膝。（圖3-1）

（2）接上勢，兩手鬆握鞭把，全身放鬆，鞭之梢、把
互為支力點，在鞭身上連續滑動交把、換位，壓身體體正前
作360度面掄正圓的演練。在兩手相互交手換把的過程中，

圖 3-2

圖 3-3

其中一手都會有滑把、脫把的間
隙，而未脫把的另一手做面掄正圓
的過程，也就是帶勁、發力的過
程。連續作正、反正個方向的掄
轉。（圖 3-2）

（3）接上勢，在上動做面掄
360 度正圓操練的過程中，兩手繼
續變換方向，交手換把，在鞭身上
滑動、變換為正前面之平面左右旋
轉 360 度正圓運動。（圖 3-3）

圖 3-4

（4）接上勢，做平面旋轉演練，兩手在交手換把時，
一手鬆握把為支點，另一手鬆握把為力點將鞭把旋至肘外側
時即緊握把帶勁旋抱。連續反覆不斷。熟能生巧。（圖
3-4）

在做「無中生有」演練的初期，會產生單調的錯誤意
念。如果長期演練，正確指導，認真體會，一定會認識到上

下、左右，陰陽縱橫，變換自
如，得心應手的手法在實際應
用中的重要性。

4. 扣拂串喉

（1）持械者自然站立，
含胸拔背，身體重心於右腿直
立，左腿微屈膝虛步蹬地於右
腿後，兩肩放鬆，右臂屈肘於
右胸前，右手陰把握把置於身
體右側前；左臂順身左側下

圖 4-1

垂，左手順把握鞭梢置於身左側於後。眼前視。（圖 4-1）

（2）接上勢，順勢身體重心在後移於左腿的瞬間，提
右腿向前並上步落腳的同時，以右手握鞭把為支點，以左手
鬆握把為力點將鞭梢由左側後快速搬向身體正前；兩腿勢成
半馬步，身體重心於右腿前，左腿微屈膝虛步點地於左後。
身體含胸拔背，右手陽手握鞭把置於右前胸下並屈肘；左臂
微屈肘陰手鬆扣
鞭身於右手附
近。眼前視。
（圖 4-2）

（3）接上
勢，在上動中兩
腳在原地位置不
動，鞭梢由左側
後搬至正前，鞭
梢運動不停，雙

圖 4-2

圖 4-3

圖 4-4

手腕順勢向左上（在身體向左上擰身的同時）外翻前推。這時兩臂左上右下相交，右臂屈肘抱胸前，左臂屈肘陰手扣鞭身於右臂上。身體重心於右腿，左腿後蹬虛步點地。眼隨鞭梢於正前。（圖4-3）

（4）接上勢，順勢以右手為支點，左手脫把並隨即反扣把為力點將鞭梢由前向上、向後過頭順左身側回搬（似外飛）、右臂屈肘，右手陰手扣把置於胸前，左手陰手推梢置於身體左側身後；杆頭前高，梢後低；兩腿右前左後，重心於兩腿間，右前側身。眼視正前。（圖4-4）

（5）接上勢，上勢左手將鞭頭向左側後搬回，鞭不停，隨即身體微後坐，身體重心移於左腿並蹬伸的瞬間，提右步急速向前上步的同時將鞭頭直紮咽喉。在紮的瞬間，右手隨即鬆把以虎口為支點，以左手握鞭為力點。在兩腿交替上步的過程中一氣呵成。（圖4-5）

以上演練要身械協調一致，迅猛快捷連貫，一氣呵成。勢成整體勁。

圖 4-5

圖 5-1

5. 三砸三挌

（1）身體自然站立，兩腿右前左後，含胸鬆腰，重心於中，右臂微屈肘置於身體右前側右手陰把握把；左臂自然下垂於身體左後側，左手自然扣把梢，並鬆肩垂肘。氣容丹田，眼視正前。（圖 5-1）

（2）接上勢，順勢在身體重心左移於左腿的同時並蹬伸，右步接勁前邁；左腿也順勢前點跟於右步後並虛步點地，隨即以右手握鞭把為支點，以左手握鞭梢為力點將鞭梢由左手側向下、向前再向右上方速搬，身體也隨搬的同時向前擰正。身體重心順勢移於右。（圖 5-2）

（3）接上勢，上勢左手將鞭由左側後向前搬回的同時

圖 5-2

201

圖 5-3

圖 5-4

鞭不停，並繼而向右肩後搬回的瞬間，隨即以右手為支點，以左手鬆握把為力點，將鞭梢向前推擊，壓前推進的過程中，握鞭的兩手腕隨勢順勁向前、向上翻點；在下翻腕的同時，兩臂鬆肩前伸以助鞭梢向前劈砸之力。在翻腕、前鬆肩伸臂的同時，要兩足微上提，並含胸拔背，舒腰展臂，閉氣爆發。將鞭推出點劈砸，一氣呵成。（圖 5-3）

（4）接上勢，在上勢雙臂前伸並翻腕向前將鞭推出的同時，身體重心隨勢左移於左腿並蹬伸，隨即向前上右步，左步同時也跟進於右腳處並虛步點地，腰微屈，在兩腿上步的同時，以右手順握把為支點，以左手鬆握把為力點，將鞭梢作由下向外旋並繼而向後搬，鞭梢再由後向前作鬆肩伸臂向前、向下翻腕，推劈砸、掂點的技擊動作。在完成以上系列動作的過程中需肩肘鬆活，伸腰展臂，翻腕靈活自如，才能產生有力有節的效果。（圖 5-4）

（5）接上勢，順勢壓左腿向左前側前點步的同時，以左手為支點，以右手為力點將鞭梢由上向下、向左側後過頭

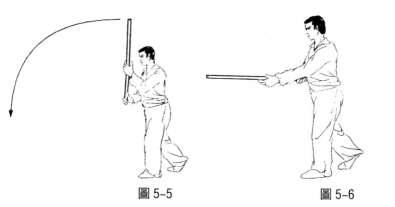

圖 5-5　　　　　　　　圖 5-6

作外旋、後搬，兩手同時上下交替滑把（手不離鞭身）。右手滑於下，順把握把，並屈肘於胸下；左手鬆把扣鞭身，屈肘成抱鞭勢。梢上把下。身體重心於左、右步微屈膝，虛步點地於左腿後相隨。眼視正前。（圖 5-5）

（6）接上勢，上勢不停，鞭梢繼續向前伸臂，鬆肩推肘，向前、向下翻腕，鞭梢向前劈砸點擊於正前。眼視正前。上述系列動作反覆連續演練，由熟到精到巧。（圖 5-6）

【要求】：要身械協調一致，流暢自然連貫，由慢到快，由快到迅猛快捷，得心應手。要發暗勁，所謂暗勁，就是用意不用力。在作各種發力動作時，不用力來表現所發力的力度及強度，只是用意念引導發力的程度和意圖，並輔助以其他動作達到協調一致而形成整體勁的作用。以上要在實際演練中摸索會受益不淺。

6. 左右搬點

（1）全力放鬆，氣容丹田，身體重心於左腿；右腿微屈膝，虛步點地於左腿後，右臂微屈肘，右手陰手握把並置

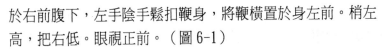

圖 6-1   圖 6-2

204

於右前腹下，左手陰手鬆扣鞭身，將鞭橫置於身左前。稍左高，把右低。眼視正前。（圖6-1）

（2）接上勢，左腿蹬伸，身體重心前移的同時向前上右步重心於右腿，同時以右把為支點，左把為力點將鞭梢由左側向前，向右肩平搬，左手順勢滑於右手握鞭的附近，鞭子前低後高扛於右肩上。雙手勢成順把右上左下之抱鞭勢。右腿前弓、左腿後伸並虛步點地後蹬。含胸，身體放鬆，眼前視。（圖6-2）

（3）接上勢，順勢以右手握把為支點，以左手鬆握把為力點，在鞭子向右肩後搬的同時，身向左擰轉，右肩前送，振臂抖腕，含胸拔背，重心微下坐，將鞭前送，稍向前下劈點。以上動作要快速連貫，身械協調一致，震臂抖腕要靈活自如有力，一氣呵成。（圖6-3）

（4）接上勢，上勢鞭梢劈向正前點擊的同時，左右手前後順勢交手換把（右前左後），同時左步緊跟前上，右腳向左腳處跟步；並以左把為支點，以右把為力點將鞭梢由右

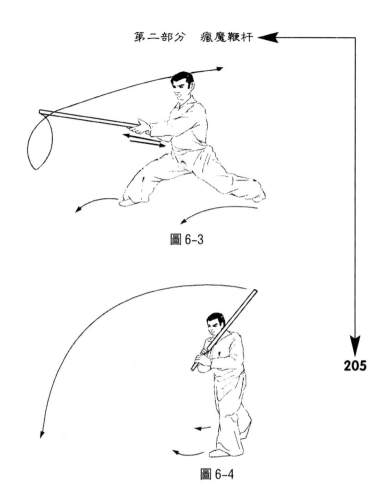

圖 6-3

圖 6-4

前向下、向左上掄一圈，繼而向左肩側後搬回鞭身，使鞭擔於左肩，雙手左前右後相靠成自然抱鞭。鞭把前低於左胸前，梢高於左肩後。身體重心於左腿直立，右腿虛步點地微屈膝跟步。眼視正前。（圖6-4）

（5）接上勢，上勢雙手順把抱鞭，鞭擔於左肩的同時，右步微側點半步，左步同時前上，雙臂向前下將梢劈點。在劈的同時要含胸拔背，伸腰展劈，鬆肩推肘送腕，腕

圖 6-5

要鬆活自如。動作要身械協調一致，迅猛連貫流暢，力求一氣呵成，整體勁發。（圖 6-5）

在演練中，不求發力，要全身放鬆，輕鬆自然，發自然隨勁，只求熟練連貫，靈活自如，發同流水而連綿不斷，其效果不可估量。

7. 移步換形

（1）移步換形是身體在左右移動中兩手所持鞭杆借助身體的靈活擰轉，使鞭杆在兩手間上下交手換把滑動的一種演練方法。也可以站著不動，只是讓持鞭的兩手在肩臂的帶動下，在鞭身上交手換把，變換位置以達到在演練中變招換勢過程中熟練程度。

持鞭者一般全身放鬆，自然站立，雙手上下握鞭，或左上右下，或右下左上，都是鬆握。兩腿或左前右後，或右後左前；並微屈膝，一般雙臂屈肘合抱鞭，鞭身於身正前直立。眼正視鞭身，鬆肩含胸。身體重心於中，演練時以備左右擺步移動。（圖 7-1）

（2）接上勢，持械勢成右腿微屈膝於身體右前，左腿

圖 7-1

圖 7-2

微屈膝並虛於身體左後蹬點地。身體重心於中，雙臂屈肘，兩手於下順把握鞭把，左手順把握鞭身於上；鞭直立於胸前正中，順勢右步蹬伸，重心左移的同時，右步向身體左後移步，同時身體向左擰轉，兩臂腕將鞭身豎直向左胸前整體擰轉，將鞭身豎立於左胸前，兩臂屈肘，兩手右上右抱鞭；身體重心於左腿，含胸拔背，眼視正前。（圖 7-2）

　　以上演練要全身放鬆，靈活自如，同樣用意念發暗勁，認真體會，慢慢領悟，妙不可言。因為在身體左右擰轉，鞭身隨之在左右分搭、搬的同時即可變招借勢進攻取人而千變萬化。比如：鞭子在雙手上下滑動交手換把的同時，身體可上下起伏，隨之左閃右擺，手不離鞭，鞭不離身走招換勢進技於人。在長期演練中會使得鞭如同黏在手上一般而自由變換，得心應手。簡單講，看似簡單的手法演練，也就是最好手法。

　　8. 二回頭

　　（1）全身自然放鬆，鬆肩垂肘，含胸拔背，氣容丹

田，兩腿右前，左側後，身
體重心於中；右肘微屈，右
手陰把於身體右側前，左手
陰把於身體左側後，眼視正
前。（圖8-1）

（2）接上勢，順勢左
腿蹬伸，身體重心右移的同
時，右步向正前上步，同時
以右握鞭把為支點，以右手
鬆握鞭梢為力點，借身體向

圖 8-1

右擰身上步之勁力，向身體正前翻劈，鞭梢擊地，左手順勢
滑至右手握把處附近，並陰手扣把。眼視鞭梢。（圖8-2）

在做向正前擰身上步，鞭梢擊地時的動作，上步蹬伸要
有力，擰轉時要活肩送肘腕，必吞胸拔背，舒腰展臂；劈擊
迅猛有力，一氣呵成。

（3）接上勢，上勢當鞭梢劈擊地後，隨即右腿蹬伸重
心左移的同時，身體向左擰轉並向左上步，同時左腿順勢也
向身左側過步，並以右手握鞭把為支點，以左手鬆握把為力

圖 8-2

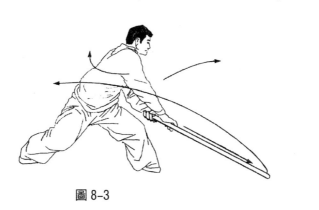

圖 8-3

點借身體向左擰轉之勢，左手回搬並滑把於鞭梢陰手握把；又以左把為支點，右把為力點向左側前翻劈擊地。右手順勢又回滑於左把處相靠。勢成馬步，身體重心於中，身體向左前側傾視雙臂向左側前伸，左手陽手握鞭把，右手陰手扣鞭

圖 8-4

把附近。並含胸拔背，雙步內扣。（圖 8-3）

（4）接上勢，上勢鞭梢翻劈於身體左前側的同時，以左手握鞭把為支點，以右手鬆握把為力點，借身體向右擰轉之力，右手向右側將鞭速搬（外飛），右手並順勢滑把於鞭梢、陰手握把；與此同時，左把也順勢向身體左側後抽鞭送把於左側後上方。眼回視右前。勢成大胯馬步，重心於中，右手陰手握把置於左腹股溝處，左手反扣鞭梢於左側後上方。（圖 8-4）

（5）接上勢，順上勢右腿蹬伸提膝並向左腿左側前上

圖 8-5　　　　　　　　　　　　　　　圖 8-6

步的同時，身體也向左擰轉並以左手握把為支點，右手變順把向左手處滑靠，同時將鞭身過頭扛於右肩上。勢成右步屈膝前弓，身體重心於前，左腿微屈膝於後，雙手相靠陰手扣把於腹下。眼視右前，含胸拔背，氣容丹田。（圖 8-5）

（6）接上勢，上勢雙手相靠陰把扣把，鞭扛於右肩，順勢右步微蹬，身體微後坐，身體重心移於左腿的一瞬間提右腿向左腿側後扣步落腳，重心又右移於右腿並急向左轉體擰身的同時，速提左腿順勢將鞭從右肩斜於右前。勢成重心於右腿直立，身前傾，含胸拔背，雙臂下垂，雙手順把抱鞭把於下腹前。左腿提膝空懸於後，眼視鞭頭。（圖 8-6）

上動整套演練動作中要身械協調一致，擰身轉步要靈活，交手換把滑把要迅速快捷，翻轉掄劈要迅猛有力連貫，一氣呵成。

9. 枯樹盤根

（1）全身放鬆，自然站立，右腿前直，身體重心於右腿，左腿於身體左後蹬，氣容丹田，含胸鬆肩，右臂屈肘於

圖 9-1

圖 9-2

右腹前，陰手扣鞭把；左臂自然下垂於身體左側後，陰手握把梢。眼視正前。（圖 9-1）

（2）接上勢，順上勢右步微蹬伸，在身體重心左移，身體隨左腿向左後撤步的同時，身體向左擰轉，同時以右手鬆把為力點，以左手扣把為支點，將鞭向身體左側翻劈扣擊地；右手順勢滑至左把前附近，雙手順把扣把。勢成左腿前弓，右腿後側蹬伸並虛步點地。含胸拔背，右肩前送，兩臂前下垂，身體重心於中，眼視前下鞭梢擊地處。（圖 9-2）

（3）接上勢，在上勢中雙臂於身前下垂，兩手陰把扣把擊地的同時，以右把鬆握把為支點，以左把扣把為力點身體左後抽鞭。（圖 9-3）

（4）接上勢，在左把向左後抽鞭的同時，以右手握把為支點，以左手變陰把為陽把的瞬間，借左步向右腿後側前插步，右步順勢前點的同時，身體向右擰轉，鞭梢由左側後過正前，向右側前扇扣擊地。兩腿相交下歇，身體重心於中，含胸拔背；兩臂相交左上右下，右手陽手握鞭把，左手

順把扣鞭把,眼
視鞭梢擊地前。
上動不停。(圖
9-4)

圖 9-3

　　(5)接上
勢,上勢不停,
鞭梢向右側前扇
扣擊地的同時,
右腿蹬伸,身體
重心上提,左腿
順勢向左側前上
步,同時左手脫
把,右手緊握鞭

圖 9-4

把借身體向左擰
轉,順勁向左前
側舉鞭左搬橫
攔。勢成左前弓
步,身體重心於
左腿。右腿屈膝
虛步於右側後點
地。右臂在身體
左前側握鞭前
舉;左臂自然於
左側下垂。回頭
眼視右側後。上
動不停。(圖

圖 9-5

9-5）

（6）接上勢，上
勢不停，在上勢右手舉
鞭左搬橫攔於左前的同
時，左腿蹬伸，身體重
心後移，順勢右步前側
點，左腿借勁後插於右
腿後；借身體順勢向右
後擰轉之力，右手握鞭

圖 9-6

由左前過身體正前，向右側後斜下掃。兩腿相交半坐。重心
於中，眼回視鞭梢。（圖 9-6）

以上演練各勢，要身械協調一致，橫掃斜掃，擰身轉
步，抽鞭換勢要靈活自如，迅猛快捷，起伏明快，連貫。一
氣呵成。

10. 鐵扇子

（1）全身放鬆，自然站立，兩腿微屈膝，兩肩鬆垂，
氣容丹田，身體
重心於中，眼視
正前。雙臂微屈
肘順身體兩側下
垂；右手陰手握
鞭把於身體右
側，左手陰手鬆
握鞭身於左側。
鞭前橫於腹下。
（圖 10-1）

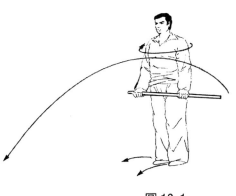

圖 10-1

圖 10-2

（2）接上勢，順勢重心移於左腿並蹬伸，右步借勁向右前上步的同時，以右手握鞭把為支點，左手順勢變陰手為陽手扣把，身體在向右擰轉的同時，將鞭梢反扣擊扇向身體右側前。左步隨勢跟步，此時兩腿微屈膝，右腿微前弓，左腳虛步後點地。左手陰把扣鞭把，置於右膝側，右臂屈肘置於左手握鞭把下。重心於中，含胸拔背。眼回視左前。（圖10-2）

（3）接上勢，左步微點，身體重心順勢右移的同時，左步向左前點半步落腳，隨即身體向左擰轉，右步向左腿後倒插步於左腿後側，同時右把隨身體向左擰轉之力向左側前反扣劈（扇）。右手陰手握把，左手陽手扣鞭於右把前，身體前傾，含胸拔背，身體重心於左，眼視前下鞭梢擊地處。（圖10-3）

（4）接上勢，上勢不停，順勢左腿微蹬，身體重心上提並向右擰轉的同時，右步隨即向身體右側前過步，同時以右手陰手握把為支點，以左手陽手鬆扣把為力點，借身體向右擰轉之力將鞭梢迅速向右側身前反扣臂擊地（扇）。

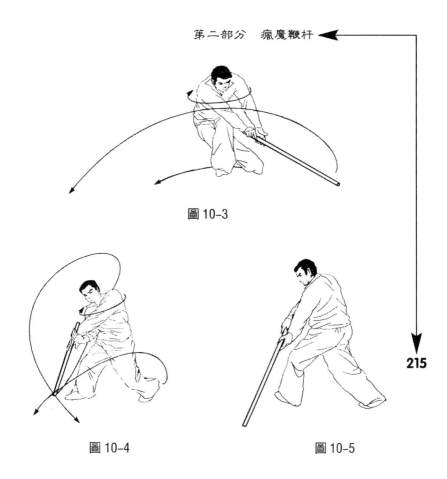

圖 10-3

圖 10-4

圖 10-5

　　【勢成】：右腿前微弓於右前，左腿微屈膝虛步點地於左後。身體重心於右腿；含胸拔背，雙臂身體前相交，左臂上陰手扣把，右臂下陽手扣把。兩手腕相扣相交。眼視前下。（圖 10-4）

　　（5）接上勢，上勢不停，兩手腕上下相扣相交，左步快速向右腿側前過步，身體向右擰轉的同時以右手陰手扣把為支點，以左手陽手扣把為力點，將鞭梢向身體左外側前反扣劈（扇）並擊地。（圖 10-5）

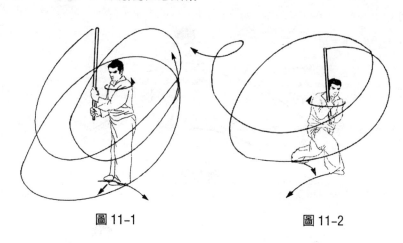

圖 11-1 圖 11-2

【勢成】：身體左前弓，重心於左腿上。右腿微屈膝虛步點地於左後，含胸拔背，兩臂前伸，右手陰手握把，左手陽手扣鞭把並與右手相靠，眼視側前鞭梢。

以上演練要擰身轉時靈活快速，雙手腕相扣相交，在左右上下翻腕轉小臂時要靈活協調一致，才能在鞭梢左右扇扣，劈擊時產生力的效果。節奏要明快迅猛連貫，步隨意走，意隨心變，心寬則眼明，眼明則手快。身械協調一致。

11. 紐鐙上馬

此法是一種大開大合的鞭杆招法，主要借助自身身械十分協調自如，動作得當靈活、迅猛快捷的技擊法。在鞭杆掄轉過程中兩手始終保持一緊握、一鬆握的相互配合中進行的，支點和力點的配合更是明快有力。

（1）身體自然站立，重心於中，全身放鬆，氣容丹田，含胸收腹，鬆肩屈於胸前，雙手自然扣把；右手順把握鞭把於下，左手順把扣把於上，鞭直立。眼視鞭身前，鞭梢過頭。（圖 11-1）

（2）順勢身體重心右移於右腿的同時，左步順勢向左側前點半步並以點步為中心，身體重心又左移於左腿，右步同時順勢向身體左側前過步轉體擰身；以右手握把為支點，以左手鬆握把為力點，將鞭梢由上向前、向左側下，再向左側上側掄720度，在雙手右下左上自然抱鞭側掄的過程中，雙手順勢交手滑動抱把握鞭位置。勢成雙手右上左下抱鞭於右胸前，鞭子於右耳附近直立朝上，鞭梢過頭。含胸拔背，兩腿屈膝，右步於前，左步於後虛步點地。身體重心於中，氣容丹田。眼視右前。（圖11-2）

圖11-3

217

（3）接上勢，勢成雙手右上左下抱鞭於右胸前，鞭身於右耳附近直立朝上；在身體重心後移於左腿的同時蹬伸，右步順勢向身體右側擘步，重心隨之移於右腿，左步同時也向身體右側擰轉扣步；並以左手握鞭把為支點，以右手鬆扣把為力點將鞭梢由胸前上方向身體右側下側掄720度的同時，鞭梢在兩手交把換手握鞭的運轉過程中，自身旋轉360度。

又勢成右手握鞭把，左手鬆扣鞭身，雙手自然抱鞭，舉鞭於胸前，成朝天一柱香勢。眼視鞭身，含胸拔背，氣容丹田，左腿屈膝於左前，右腿屈膝於右後虛點地。眼視左前。身體重心於左。（圖11-3）

以上動作左側掄720度與右側720度的動作是一致相同，只是分左右而已。反覆演練才能悟出其中的真知，由熟

圖12-1　　　　　　　　圖12-2

到精到妙化。如果與其他手組織變換會其妙無窮。要含胸拔背，舒腰展臂，大開大合，身械協調一致，掄轉要明快有力。

218

12. 轉還外飛

（1）全身放鬆，自然站立，身體重心於兩腿間，含胸，雙臂順身體兩側微屈肘下垂，雙手陰手握鞭，鞭身前橫於腹下；把右梢左。眼視正前。（圖12-1）

（2）接上勢，順勢左步微前點，身體重心左移於左腿的同時，右腿向右前上步，身體順勢向右前上步並前弓。左手同時滑把於右手握鞭把處相靠，置於腹下。左腿微屈膝虛步點地。眼回視鞭梢。含胸拔背，重心於中。（圖12-2）

（3）接上勢，上勢陰手握鞭把並相靠於腹下，順勢以右手握鞭把為支點，以左手陰手握鞭為力點，在右步前點，身體在向右微擰轉的同時，左手將鞭梢做下壓，前推送，再向上向回拉，向下旋一側掄外飛360度圓。壓鞭梢外飛360度圓時，即變左手握把為支點，以右手握把為力點將鞭身向

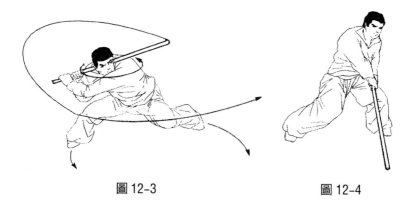

圖 12-3　　　　　　　　圖 12-4

右肩後抽送，同時左手也順勢滑於鞭梢，右手並脫把又回握
鞭梢與左手相靠。鞭身橫擔於右肩上，雙手握梢於右肩處，
鞭把於身後。右腿前弓，身前傾，重心於右，左步虛點於側
後。眼回視左後。（圖 12-3）

　（4）接上勢，上勢成雙手握鞭相靠於右肩前，鞭橫擔
於右肩，順勢身體微後坐，重心於左移，右腿順勢前點的同
時，身體重心又移於右腿，同時身體向左擰身轉步，雙手握
鞭借身體擰轉之力將鞭下拉，右肩前送，鞭把斜劈於身體側
左後。眼隨鞭走。

　【勢成】：兩腿屈膝成馬步，身體重心於中，含胸拔
背，雙臂向前伸，身體微前傾，雙手陰把相靠並握鞭梢置於
腹下。可連續做上述（圖 12-2）中身體右側掄外飛 360 度
圓的演練動作。這就是左右反覆演練不斷。曰：轉還外飛。
（圖 12-4）

　　上述演練，擰身轉步，滑把外飛改變方向要靈活自如，
敏捷快速，身體協調，連貫一致。一氣呵成。

圖 13-1

13. 十字八道

「十字八道」之意，就是指演練時鞭梢所打出的運行線路形成的交叉圖形而言，而且很形象。在演練中都採用了雙手陰手握把，因此交手換勢、調把都很流暢自如，是手法中的佼佼者。它所劃出的路線不論是先由身體的左右、上下交叉分劈，斜劃都如同「八字」，又從胸前平行的由左劃至右或由右劃至左，再由上而下或由下而上從中間交叉，縱橫劈下翻上形成「十字」。謂之「十字八道」。

（1）全身放鬆，持鞭者右腿屈膝下坐，身體重心於右腿，左腿微屈膝虛步前點地。左肩於左前放鬆前低，左手陰手握把；右臂向右側後後伸，陰手反扣把。鞭身前低後高，左把於右腹股溝前。氣容丹田，眼視左側前。（圖 13-1）

（2）接上勢，上勢身體重心於右腿，順勢身體重心上提的同時，左步向左側前過步，身體向左擰轉，即以左手握把為支點，以右手扣把為力點向身體左前伸腰展臂橫掃斜劈擊地。右手同時順勢滑於左手處相靠，陰把扣把。身體成左前弓步，右腿屈膝於右側後，虛步點地。含胸拔背，眼視鞭

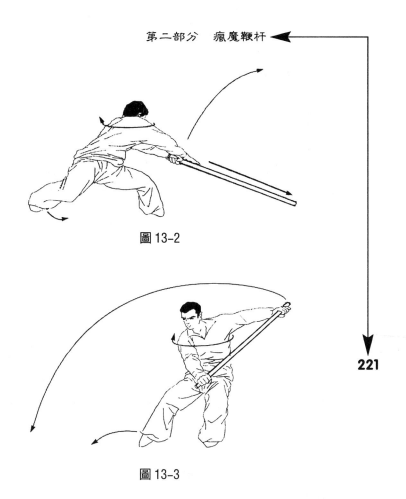

圖 13-2

圖 13-3

梢擊地處。（圖 13-2）

　　（3）接上勢，上勢鞭梢向左側前橫掃斜劈擊地；順勢身體重心移於左腿，身體擰身右轉的同時重心上提，右步回收並虛步點地於右前。同時以右手扣把為支點，以左手鬆握把為力點，右手回搬並下滑於鞭梢置於腹前下，左臂握鞭把向身體左側後上方斜抽鞭並陰手扣把。左腿屈膝，身體重心於左。身體右肩前送並含胸，眼視右側前下。（圖 13-3）

（4）接
上勢，上勢左
腿屈膝，身體
重心於左。順
勢左腿微蹬
伸，重心上提
的同時，右步
前點地，身體
向右前擰轉，
以右手握把為

圖 13-4

支點，以左手扣把為力點，將鞭梢向右側橫掃斜劈擊地。左
手鬆握把不變，同時回滑於右手處相靠。此時兩腿右前左後
微屈膝，身體重心於中。身前傾，雙臂前伸。（圖 13-4）

（5）接上勢，勢成雙手握鞭把相靠向右側前斜劈鞭梢
擊地的同時，右腿微蹬，重心上提，同時以左手陰手扣把為
支點，以右手握把為力點，借右步回收，身體向右擰轉之力
將鞭回抽送於身體右側上
方。勢成右手鬆扣把並伸
臂後舉於右側後；左手陰
手扣把，左臂屈肘於胸下
前。鞭身直立於身體右前
側。身體重心於右腿，左
腿微屈膝於左側前虛步前
點地。眼視正前。全身放
鬆，氣容丹田。（圖
13-5）

圖 13-5

（6）接上勢，順勢重心上提左移於左腿的同時，右步前上，身體向左擰轉，同時以左手為支點，以右手鬆握把為力點向前伸腰展臂將鞭正前劈下擊地（不擊地也可，打暗勁）。右手順勢也回滑於左手握把處附近。勢成左腿於左前弓步。身體重心於左。右腿於右側前伸並虛步點地。含胸拔背，鬆肩放肘，兩臂前下垂。雙手陰把握鞭於腹下前。（圖13-6）

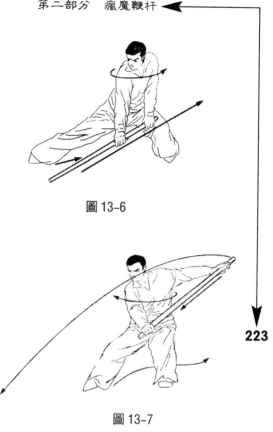

圖 13-6

圖 13-7

223

（7）接上勢，上勢中雙手將鞭梢正劈於身體正前，眼隨鞭梢；順勢左腿蹬伸，重心上提，右步回收半步並虛步前點，同時以右手握把為支點，以左手鬆握把為力點，將鞭子抽於身體左後上方，右手順勢滑把於鞭把並陰手握鞭置於腹下。左臂向左前上方平伸陰手握把。眼視右前。（圖13-7）

（8）接上勢，上勢不停，身體重心上提，右腿向身體右後撤步，同時身體向右擰身轉體，並以右手握把為支點，

以左手鬆握把為力點，將鞭梢向正前劈砸擊地（不擊地也可，發暗勁）。左手並順勢前滑於右手握鞭處附近。在向正前劈砸的過程中，必須要含胸拔背，伸腰舒臂，鬆肩推肘，展臂活腕；蹬伸要靈活，劈擊要有力，身械協調一致。一氣呵成。（圖13-8）

圖13-8

　　以上演練中左右轉體，左右抽鞭滑把換位向前正劈為順劈，為一豎。可連續演練，也可全身放鬆不用發力帶勁，只領悟鞭理。

　　接（圖13-8）中也可以左右手鬆握把互為支、力點，將鞭梢或鞭把向左右側平掃正前擊出。這樣鞭形同橫劃，與上勢豎劈交為「十字」，謂之「十字八道」。

　　演練中要由快到慢，由慢到快，柔中含剛，協調連貫，變化無窮。

八、瘋魔鞭杆探海十八手解析

　　探海十八手即十八法，是鞭杆中精選、編排的十八種招式技擊方法，集十八種方法而成，每種技擊方法都有各自的不同特點及要攻擊的部位。

　　它們的編排、演練與鞭杆「五陰」、「七手」、「十三法」都具備了看似簡單容易的特點，其實不然，往往看似容易簡單的手法，也是最好的技擊法，切不可忽視。

　　於此配圖解析以下六種手法供同仁研究。

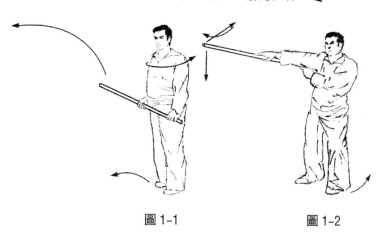

圖 1-1　　　　　　　　圖 1-2

如下：

1. 畫龍點睛　　2. 易如反掌　　3. 玉女穿梭

4. 莽蛇出洞　　5. 青龍戲珠　　6. 探海取珠

1. 畫龍點睛

此法是借腰身的擰轉使臂腕翻轉抖動，橫劃點擊之力，打出寸勁取彼身要害的一種手法。

（1）身體自然站立，全身放鬆，兩腿微屈膝，身體重心於中，鬆肩放肘；右手陽手握鞭身於身體右側，屈肘。左手陰手握鞭梢下垂於身體左側，鞭身橫於腹下。眼視正前。（圖1-1）

（2）接上勢，上勢雙手分別於兩側握鞭，鞭前橫於腹下，順勢左步微蹬，身體重心移右的同時，右腿向右側前點半步，同時以左手握鞭把為支點，以右手握鞭身為力點，雙臂同時向右側前前送平掃（平掃雙眼部位）；在前推平掃時要翻腕抖臂擊出。右臂前伸，陰手扣鞭身，右手陽手順把托扣鞭把。（圖1-2）

圖1-3　　　　　　　　　　圖1-4

226

（3）接上勢，上勢雙臂向右前上方平掃，前推擊出的瞬間，以右手陰把扣鞭身為支點，以左手托扣鞭把為力點向左側平搬，使鞭梢平劃上翻，下刮點擊。在以上連續動作中，主要要意到肩，肩推肘，肘抖腕發力，在左右手腕互為支力點的變換中產生鞭梢變換發力。要迅猛連貫，身械協調，快速有力，一氣呵成。眼視鞭梢。（圖1-3）

（4）接上勢，鞭梢上翻，回平劃，下刮點擊，勢成（圖1-3），身體重心於左腿，右腿微屈膝並於左腿後點步。右臂前伸，右手陽手扣鞭身，左臂屈肘於胸前。鞭梢在下刮時已成下斜於前不停；在身體重心右移，同時向前上右步，以右手扣把為支點，以左把為力點；右手上托，同時左手下壓將鞭梢向前彈挑。（圖1-4）

（5）接上勢，上勢中右手上抬，左手下壓，鞭梢向前、向上彈挑；勢成（圖1-4）。（圖1-4）中身體重心於右腿，右腿前直，左腿微屈膝於右腿後並虛步點地。身體微前傾，右臂前伸於右前，陽手托鞭扣把，左手順把握把後低

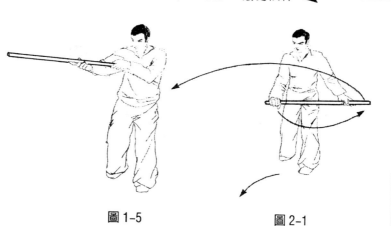

圖1-5　　　　　　　圖2-1

於右胸前。鞭梢前揚。眼前視。順勢左步蹬伸，重心移右的同時，右步前點，同時以右手托把為支點上抬，以左手為力點下壓；下壓的同時，雙手將鞭梢向前推刺。在下壓、上抬並推刺時，身體同時微下坐沉氣，以助整體爆發。（圖1-5）

接（圖1-5）可連續做反覆演練，關鍵在以小幅度的擰身轉步，爆發出肩、肘、腕之寸勁，要連貫迅猛，快速協調，一氣呵成。

此法在演練時也可舒腰展臂、含胸拔背，放長擊遠，大開大合地大幅度動作，上撩、下摺、斜劈地練習。反覆進行，效果更佳。

2. 易如反掌

（1）身體放鬆，兩腿左側前微屈膝，身體重心於左；右腿微屈膝於左腿後虛步點地。右肩臂朝正前，眼視正前；右手陰把握把置於右側前，左臂於左側後伸，順把扣把。勢成（圖2-1）。

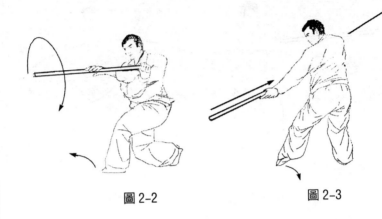

圖2-2　　　　　　　圖2-3

（2）接上勢，以上勢右手陰把握鞭把為支點，以左手順把扣鞭梢為力點，借身體重心上提，左步向身體右前過步的同時，左手前扣鞭梢向右前扣擊（直擊對方持械之前手）；同時左手隨之回滑。

【勢成】：兩臂左上右下相交，右手陽手握鞭把屈肘回抱於左肩前，左臂前伸，反手扣鞭身於右肩前。雙腿相交下歇。左前弓步，右腿跪膝於右後，身體重心於兩腿間，含胸拔背，身微前傾，眼視正前。（圖2-2）

（3）接上勢，順勢右腿蹬伸，重心上提，左步借勢前點的同時，身體向左急擰轉，右把速向右上回拉並上翻，左手腕向前向下扣，直劈對方後手。

【勢成】：身體重心於右腿，右腿屈膝微下坐；左腿微屈膝虛步前點地。右手順把扣鞭把、左手陽手上托扣鞭身。含胸。眼視正前。（圖2-3）

（4）接上勢，順上勢左手腕在轉臂向前伸壓並向下直扣擊的同時，以左手變陰手鬆握把為支點，以右手握把為力

點將鞭向右後抽，鞭身擔
於右肩；把前低，梢後
高；雙手順把相靠抱鞭把
於右肩前。兩臂前抬。含
胸拔背，眼視正前。（圖
2-4）

（5）接上勢，上勢
中在向右後抽鞭的同時，
左步微回收，身體隨勁向
左擰轉，右腿蹬伸向前上

圖 2-4

步，同時雙手所抱鞭把借擰轉之力，右肩前送，雙臂前伸，
將鞭向正前劈砸。

【勢成】：右腿前弓，左步虛步後蹬；身體重心於中，
含胸拔背，雙手順把相靠握鞭把。眼視正前。（圖2-5）

以上演練各勢要迅猛快速，協調一致，擰身轉體上步，
送肩伸臂反腕要靈活連貫自如，一氣呵成。

圖 2-5

圖 3-1　　　　　　　　　　　圖 3-2

3. 玉女穿梭

「玉女穿梭」的演練主要以右搬左蹾平掃斜揸等手法組成，以左右交手抱把並用。又因為是順勢交手換把，它具備了十分順手、方便、快捷的優勢，所以在演練和實用中表現出了變換莫測的技法特點。若長期演練領悟，更具有手、眼、身、步、法的純熟過人，揉和、肩、肘、腕在走招換勢中得當的配合，方知「玉女穿梭」之法乃鞭中精品之作。

（1）身體自然站立，全身放鬆，右腿微屈膝順勢站立，左腿屈膝虛步前點地。身體重心於右腿，含胸，氣容丹田；右臂鬆肩屈肘於右側、順把舉鞭、鞭梢過頭於右側；左臂自然鬆肩下垂於左側前。眼視正前。（圖3-1）

（2）接上勢，勢成右手舉鞭於右側前；順勢右腿蹬伸，身體重心左移的同時，左步順勢向身體左側前移，成左弓步；同時身體向左擰轉，隨勢右臂舉鞭向身體左側橫攔於左側前舉；右腿屈膝於右後虛步點地。眼視正前。（圖3-2）

（3）接上勢，勢成右臂舉鞭向身體左側前，順勢左腿蹬伸，身體重心右移，身體順勢向右擰轉的同時，右臂向右前翻腕，把外蹾、鞭梢平掄於右側；與前胸一樣齊平高。

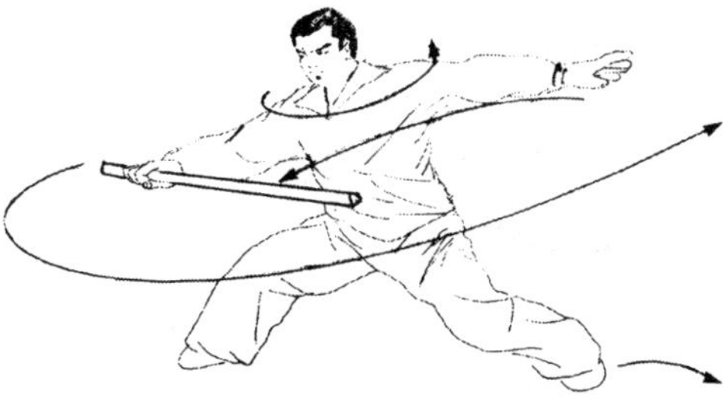

圖 3-3

【勢成】：右腿前弓，左腿後屈膝虛步點地。身體重心於中，身前傾，右臂右手陰手握把前伸，左臂向身後脫把平伸。眼前平視。在右手握鞭向右側掄、蹾時，左手同時脫把，與轉身齊動，要身械協調一致，迅猛快捷、翻轉要靈活，上下齊動連貫，一氣呵成。（圖 3-3）

（4）接上勢。身體在向右擰轉的同時，右臂陰手握把向右側翻腕，外蹾，鞭梢平掄於右側；順勢右步蹬伸，身體重心左移的同時，身體向左擰轉，左手順勢回握鞭梢，借身體左擰轉之力，左臂順勢向左側前翻腕，外蹾，平掄至左側前，鞭與胸平。

【勢成】：左腿在左前側弓步，右腿在右後蹬伸；在左臂向左平掄，轉身的同時，右手隨勢脫把，右臂向右側後平伸。重心於中，眼平視前。（圖 3-4）

圖 3-4

以上演練動作，手法變換要左右反覆，由快到慢到快，用意帶勁，不發明勁發暗勁，意到勁到，交手換把要靈活自如，流暢連貫，擰身過程要快捷自然，勢成一體。

4. 莽蛇出洞

「莽蛇出洞」是一種近距離且能放長擊遠、長杆短用的技擊演練方法。是二者相遇、緊急擊手、防不勝防的手法；是在不能大開大合，大幅度劈、挑、撥、摺的環境下所要採取的對應措施。但又能千變萬化。是值得認真研練領悟，看似簡單，實際不然的技法。

全身放鬆，自然站立（兩腿或左前右後，或右前左後；兩腳互為虛實步，在動中變換）。

左腿微屈膝於前，右腿屈膝虛步點地於後；含胸拔背，兩臂屈肘前抬，兩手順把握鞭把，右手於前，左手於後。眼視正前。

兩手鬆握把相逆，互為支力點，鬆肩放肘；以左手鬆握把為支點，則用右手鬆握把為力點，在演練時將鞭梢向前下壓、回拉，再上提，再前推、下壓、回拉連續不斷、反覆演練〔在下壓、前推、回拉上提的連續動作中，始終是依靠鞭身壓兩手的陰陽兩個面（正面與背面）上似黏連一般的翻滾交手變換〕。由慢到快、由熟到精、由精到巧到妙。

在演練時不但要左右手輪換進行，而且要帶活步演練。所謂活步，就是進退、閃擺、忽左、忽右、忽上、忽下的進行，會充實鞭杆的技擊內容及實用價值。（圖 4-1～4-4）

在演練中要切記含胸拔背，舒腰展臂，擰身轉步，閃擺有節，靈活多變，轉臂翻腕，身械協調，連貫一致的要領來嚴格認真領悟。

圖 4-1

圖 4-2

圖 4-3

圖 4-4

5. 青龍戲珠

青龍戲珠是一組短棍長用、放長擊遠的，很有技擊效用的方法，因為充分利用人體全身放鬆，含胸拔背，舒腰展臂，鬆肩抖臂、活腕的有效特點，結合棍法中的反正掄掃點擊等技法，組成了有效且威力具佳的實用手法。

圖 5-1

（1）全身自然放鬆，雙腿微屈膝，身體重心於中，身前弓，雙肩放鬆，兩臂左前右後順把握把，左手扣鞭梢置於右前，右手順握把於後；含胸拔背，氣容丹田，眼視正前。（圖 5-1）

順勢身體重心移右的同時，左步前點，身體重心又前移，同時以左手鬆握把為支點，托鞭身前梢；以右握把為力點向正前迅猛、快速的點擊。眼隨正前鞭梢。

（2）接上勢，勢成：左腿屈膝前弓，右腿屈膝於右後虛點，身前弓並含胸拔背，雙臂屈肘於胸前相合，雙手左前右後自然抱鞭把；眼視正前，氣容丹田，上動不停。（圖 5-2）

（3）接上勢，順勢在鞭向正前迅猛、快速點擊的同時，身體重心上提，以左手變陰手握把為支點，右手握鞭把為力點將鞭向身右後速抽，左把順勢前滑於鞭梢處陰手鬆扣把。鞭身於身右側，鞭前把後。眼視正前。（圖 5-3）

（4）接上勢，順勢左腿蹬伸，身體重心上提，右腿向

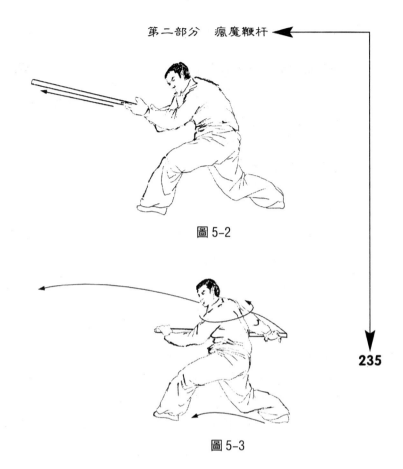

圖 5-2

圖 5-3

左腿後跟步的同時，以左把為支點，以右把鬆扣把為力點，借身體向左前擰轉之力勢將鞭把由身體右後、過右側再向右正前平掄點擊。

【勢成】：左腿於前，重心於前左，右腿屈膝於身體右後虛步蹬地。全身放鬆，含胸拔背，左臂屈肘於左胸前順把握把，右手陽手扣鞭身於右前。眼視正前。不停。（圖5-4）

（5）接上勢，順勢以右手為支點、以左手為力點，迅

速將鞭身向身體左側後抽回。

【勢成】：兩腿左前右後，步內扣自然站立。鞭橫於身體左側，把前梢後。右手陰手握把屈肘前抬於胸前。左手陰手順把扣鞭梢，左臂左後下伸。氣容丹田。眼視正前。（圖5-5）

圖5-4

（6）接上勢，勢成把前梢後，鞭身橫於左側身，順勢左腿蹬伸，身體重心上提，在右腿向左腿外側轉身倒插步，身體順勁向右旋轉360度的同時，以右手陰手握把為支點，以左手鬆把握鞭梢為力點，順身體右旋轉，同時前滑相靠於右手處成雙手握鞭把，將鞭梢由左向右在頭頂雲掄720度，再向身體左側正前掄掃平點擊。全身放鬆，眼隨梢走。（圖5-6）

在雙手握鞭把將鞭在頭頂做旋轉雲掄時，身體要借勢屈

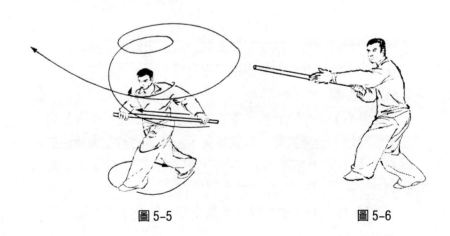

圖5-5   圖5-6

膝弓身、活腰展臂、鬆肩送肘、展臂活腕，與擰身轉步、鞭子掄轉，要協調一致，靈活迅猛有力，快速連貫，一氣呵成。

以上演練要左右反覆進行，認真領悟。

6. 探海取珠

「探海取珠」也稱「探海吸珠」法。是在迅猛快速，翻身跨步，大幅翻劈下砸、摔躓；用鬆肩，擰身活肘旋腕，對下三路進行打擊且有力有節的演練方法。在完成上述技擊的基礎上，繼而用槓杆之力，以左右手分別為支、力點的巧妙配合，使杆梢上撅，崩彈而產生有效進擊。若反覆演練，不斷領悟，達到純熟到精妙，得心應手，方知此法之重要。

（1）全身放鬆、自然站立，身體重心於中，左臂前伸於左側前，陰手扣把、右臂於身後側後下伸，陰手握鞭梢；鞭身於身體右側平橫，微含胸，眼視正前。（圖 6-1）

（2）接上勢，重心上提，右腿順勢向正前上步，同時以左手陽手握把為支點，以右手鬆握把為力點，將鞭梢由後過右肩側前、再向正前翻砸，鞭梢擊地。

【勢成】：身體向左後擰轉，背朝前，面後；兩腿屈膝，左腿前弓，右腿於左腿後虛步蹬點地。身體重心

圖 6-1

圖 6-2

圖 6-3

於中，身微前傾，含胸拔背，雙手陰把握鞭；左手前，右手後，鞭身貼於身體右側前。眼回視。（圖 6-2）

（3）接上勢，勢成雙手陰把握鞭，左把前，右把於後；上勢在鞭梢向正前翻劈砸，鞭梢擊地的同時，隨即左腿前蹬，身體重心後坐之勁力，雙腿同步向後滑進，同時雙臂將鞭迅猛向身後之正前蹴插（這是集身體重心的後坐，滑進之力與雙臂同時借勢蹴插之力的整體爆發勁，是凶猛、迅疾，可謂勢不可擋，防不勝防的擊法）。在向後蹴插的同時，雙臂借身體擰轉，前傾後仰之勢，兩手腕同時上翻、下旋轉，以示取襠下陰部。（圖 6-3）

（4）接上勢，上勢兩手腕同時向前上翻下旋轉，同時再借身體向後展腰、後仰的力，兩手腕屈肘下翻扣，將鞭梢在襠下又一反向旋取。兩腿屈膝，右前左後，身體重心於兩腿間，在身體前合後仰中移動轉換。身體放鬆，眼前視，兩手陰把扣把。（圖 6-4）

（5）接上勢，雙手陰把扣把，在襠下反向旋轉取下的

圖 6-4

圖 6-5

239

同時，左步蹬伸、右步後滑，同時以右把為支點，以左把為力點，將左把下壓，右把上反提，使鞭梢上挑擊下的同時，並向右前轉步擰身。

【勢成】：右腿前弓，左腿屈膝虛步後蹬，重心於中，身前傾，含胸拔背；右臂鬆肩於前下伸，陰手握把，左臂鬆肩於左前

圖 6-6

下伸順把握鞭把，鞭梢前伸，眼視正前。（圖 6-5、6-6）

　　註：（圖 6-6）勢可向左擰身轉步，將鞭梢向左前翻劈砸，連續演練完成同右勢相同的動作。可成左右反覆的演練。

　　以上諸勢要快速連貫，翻身轉步，劈砸旋腕翻臂要靈活，上挑下旋取要迅猛快捷，一氣呵成。反覆演練，終成妙法。

少林瘋魔棍法闡宗

240

近年發表文稿選集

瘋魔棍出自何處

關於瘋魔棍的組成特點、來源、流傳等，在西北地區特別是在蘭州地區的真實情況大家了解不多。現就我們保存較完整的瘋魔棍的詳細資料概括地談談，以便進行更真實詳盡的研究了解。我們想，這對武術的挖掘整理工作將是有好處的。

瘋魔棍是少林棍法的一種。由於歷來傳授的保守嚴謹，所以流傳不廣而且很少，尤其完整者更少。蘭州地區目前保存瘋魔棍完整資料者也不過一二人。

瘋魔棍套路的組成，動作招勢的獨特確實與眾家不同。由四大部分即：「天齊、天門、瘋魔、紐絲」組成，統稱瘋魔棍，各個部分都能獨立存在。因此有「天齊棍」、「天門棍」、「瘋魔棍」、「紐絲棍」的獨立流傳。全棍共七十二回（趟），三百六十棍（招法動作），內藏二十四法（單練）。要領為：「轉撥攔挑戳戳，劈格撩，梢把打，陰手著著。」套路按很嚴格的「東，南，西，北；東南，西南，西

北，東北」方位，即「四面八方」走招演勢，並「捅天打地」，無所不打。以棍法槍法融為一體，演練佈局和動作招勢的獨特與別家不同。如其中「腦後一窩蜂」、「珍珠卷簾」、「摘心畫眉」、「太公十八手」、「夜叉探海」、「烏龍串塔」、「黃龍脫甲」、「老虎撅尾」、「倒搬槳」、「二回頭」等都是很別緻的棍法槍法，其要求神速凶猛而巧健，變化異常且維妙維肖而不「瘋顛魔瘴」。與「少林白眉棍法」（也叫五十五手棍）的動作招勢有很多共同的風格特點。如果用「望文生意」、「顧名思義」的方法去以「醉棍」、「醉拳」之「醉態」推理瘋魔二字是非常錯誤的。「瘋魔」二字是避此棍橫掃「東南西北」，惡劈「四面八方」，捅天打地，對天地方位不尊之忌而取名。

　　這裡引證一段歷史文字來證明此棍的淵源所屬。民國姜容樵著《少林棍法》自序云：「按少林棍法，肇始於隋。大業中，寺僧以棍法破群盜，由是遂以少林棍名天下。唐宋以來，代有傳人。其時所傳，僅順把十八棍；後發明陰把三十二棍、六十四棍，即今群羊棍、齊眉棍、瘋魔棍、行者棍是也……。」從序中起碼能看出瘋魔棍傳世已久。近代武術名家蔡龍雲著有《風魔棍》一書問世，也未談及此棍是誰家的「獨創」。

　　目前有些雜誌載有「風魔」「瘋魔」「風磨（風魔）」的各種提法，還有「分抹」的說法，多種提法係不了解之故。只是一名而異稱。其來源均是「瘋魔棍」的變音。順便錄部分「瘋魔棍」譜訣的句子如下，供參考研究。

　　　　瘋魔英雄少林藏，跨虎蹬山棍中王，

　　　　白馬分鬃三股法，左右天齊相對架。

樵夫擔柴肩換肩，童兒獻茶即拍茶，

黃龍脫甲騰空去，黑霧蓋頂勢可怕。

秦王展旗一排兵，神仙過橋二路架，

要知此棍名和姓，熟記首句走天涯。

　　民國初年甘肅慶陽楊懷洲先生因人命官司避地甘州（今甘肅張掖），後轉輾蘭州。由當年武術名家張新橋留養。其後乃收張新橋、魏老五等十數人為徒。在蘭州市五泉山紅泥野人外樓處依《少林寺武藝法本》給每人傳授瘋魔器械和拳路各一種。事前命徒眾燃香發誓：「立意不能下傳，也不能互相串授，否則甘願受殺身報應」等。眾徒中張、魏受益最深。其後二人在蘭州等地也背誓傳人。情況如下：楊懷洲→張新橋、魏老五→楊天成（回族），愛稱楊三爺→王天鵬（武術界負有盛名，稱西北棍王，並獨創「五陰七手」鞭杆傳世。）→丁繼珍、宋克勤（此二人受藝不深）、王延明（俗稱甘州王）、羅文元（是馬英圖之兄馬鳳圖妻弟。受藝較深，可惜不全。）→管齊泰（羅文元先生的唯一傳人，並依此棍的特點獨創有「吊手一路」、「吊手二路」、「短棍八法」三組套路傳世）。

　　據上述現有確切記載已有百年以上。

　　我們響應國家挖掘整理武術傳統套路的這一正確號召。計劃將此棍的四大部分，七十二回、三百六十棍、二十四法等詳解內容進行蒐集整理，先後在《武魂》發表，供武術界同好研究參考，使這份武術遺產煥發出應有的光華。以免一誤再誤，以訛傳訛。我們想這對前人也是一種最好的安慰吧。

（載於 1986 年第 4 期《武魂》）

「通備」、「通背」、「通臂」
之異同

　　近年來見到一些雜誌在討論有關武術的文章中，把我國流傳已久、影響深遠的「通背」、「通臂」拳種，與馬鳳圖、馬英圖先生融會各家獨創的而以「通備」命意混為一談，是值得研究的一個問題。

　　有的文章看來，單單從這三近似音的「背」、「臂」、「備」作為依據，容易形成附會。如不去從拳種的淵源、流傳、內容、譜本的詳盡記載去研究，進行真實的闡述，排除臆造史料的可能，那將會給我國目前對武術挖掘、研究、整理工作製造更多的混亂，給後人留下更多的麻煩。茲就以上所述的情況，引證有關史料之點滴，談談「通背」、「通臂」與新創「通備」的關係若何。

　　據《甘肅體育》1985 年 12 月第 4 期載馬明達關於劈掛、八極、翻子和苗刀一文中有「據先君講，這兩個字是其業師鹽山黃林彪先生的傳授，黃先生得自李雲表，李雲表得自潘文學，潘文學以前就不大清楚了。黃先生講，李雲表的傳授是外稱『通臂』而內稱『通備』，『通備』二字不似『通臂』、『通背』那樣拘泥於形象，它有著更深刻的含義，它的精義概括為以下十六個字，既通神達化，備萬貫一，理象會通，體用兼備……。通備二字與『通背』、『通臂』實在是音同而義不同……」等說法。

　　從上述文字的含義不難看出，蓋指「通臂」與「通備」是一門，只是「內稱」與「外稱」上的區別，音同而義不同

244

而已。此說似欠中懇，可能是對新創的「通備」與傳統的「通臂」拳種在內容上使人概念混淆，易於曲解三者在關係上的有無。此三者在淵源、內容、技法特點、流傳師承及譜本記載等方面是截然不同的。

據馬鳳圖老先生講釋：「通備」的原意是「且理象會通曰『通』。體用兼備曰『備』，綜合言之曰『通備』。以至通神達化，備萬貫一，所包者廣。世有以通臂或通背名其拳者，庸俗之技，偏嫉之術。異乎大通大備之學。原出自大易內經由來久矣⋯⋯。通備為吾家祖傳之寶，至愚兄第盡平生之精力，綜括十門之藝，括充廣大，獨立創造，新而又新之學也。且又貫通書藝、武藝、醫藝；故又冠以『三藝通備』。」又《武林》雜誌1982年9期載有馬賢達、邱丕相兩先生《體用兼備的劈掛拳》一文中有「近代中，有人將劈掛拳歸於通臂拳類，一則可能是『備』與『臂』之誤，二則從動作表象上，均是雙臂交劈，放長擊遠容易混淆。然二者從基本技術到技法、理論都不堪稱同⋯⋯」等說法。

從馬老先生新創「三藝通備」學原旨意義內容和馬賢達、邱丕相兩先生對「通備」與「通臂」的概述來看，內稱「通備」、外稱「通臂」的說法與上兩種說法又不相同，因此既沒有可信的依據，又是值得研究討論的問題。

有關文章載，「通背」和「通臂」同用。在武術術語上以「通背」為準，這是有一定道理的。《武林》1983年7期，創刊兩週年特輯，孟乃昌、陳國鎖同志的文章《郭永福與洪洞通背拳》詳盡談到：郭永福所傳授的通背拳與陳氏太極拳有驚人的類似之處。作為通背拳與陳氏太極拳的指導思想，都有「拳經總論（或歌）」歌訣，二者只有個別字不

同。現對照如下：

通背拳「拳經總論」（師傳譜本）

　　縱防屈身人莫知，近靠纏繞我接衣。

　　劈打推押得進步，搬捌橫採也難敵。

　　鈎　劈打人人曉，閃驚巧取有誰知。

　　佯輸詐走雖云敗，引誘回衝致勝歸。

陳氏太極拳「拳經總歌」

（兩儀堂本拳譜，唐豪考訂）

　　縱防屈身人莫知，諸靠纏繞我皆依。

　　劈打橫壓得進步，搬摺橫採也難敵。

　　鈎　劈攬人人曉，閃驚巧取有誰知。

　　佯輸詐走誰云敗，引誘會回致勝歸。

　　《通背拳一百單八勢》一至九排子歌訣和《陳氏太極長拳譜》（據唐豪《行健齋隨筆》）內容也有驚人的相似之處。主要套路的比較，也只是詳略和個別字的不同。

　　顧留馨先生在《太極拳研究》，《陳氏太極拳》和《怎樣練習簡化太極拳》等書中，多次提及洪洞通背「實為陳玉庭所創在陳家溝失傳之長拳一百八勢」。其根據就在於通背拳第六代傳人樊一魁著《忠義拳圖稿本》（洪洞榮義堂）的定勢圖和歌訣與陳家溝存譜而無人會練的太極長拳一致。這一點也得到陳氏第十九代傳人陳立清（曾參加1979年在南寧舉行的全國武術表演大會）的確認。她在七十年代中期攜帶助手，來太原和洪洞尋學祖遺太極長拳。陳隨身帶來長拳圖譜與通背師傳老本無二。

　　從上述各種資料可以斷言：「通背」、「通臂」拳種與新創「三藝通備」在來源、流傳、譜本記載到技法特點，特

別是在內容風格方面毫無關係。同時「通備『所吸收』十門之藝」，又各具備各自不同的拳種技法風格特點。因此，李雲表的傳授是外稱通臂而內稱通備的說法與馬鳳圖老先生評價「通臂」或「通背」為庸俗之技，異乎通備的論點也不相同。也就是說，從各方面考證，「通臂」、「通背」與「通備」都是截然不同的拳種。這是關係到拳種的來源與流派問題，今天我們向武術先輩學習優良傳統，繼承並發揚固有遺產，為了慎重追遠，必涉及考鏡源流，希望對正本清源有所認識，淺見所及，應進行認真的研討。不妥之處，還望武林界前輩及同好批評教正。

（載於 1987 年第 1 期《武魂》）

再談「通備」是何意

「通備」一詞，近幾年一些武術雜誌報刊多有論述。對於它的出處、提法、年代、內容，以及與其它拳種流派在關係上的有無，出現了許多由臆說所形成的謬誤或誤會。

對於新創「三藝通備」的提法內容，有些人曲解或者是試圖將其作為拳種流派與「通臂」「通背」拳種流派混為一談，不免使讀者產生一些費解。故此，引證有關資料，比較對照，供武術同好考證研究。

1981 年 4 月 14 日《甘肅日報》第四版《勤灑汗水育武林》一文中馬穎達稱：「……通備拳是我家祖傳的拳種，到我這一輩，已經相傳十四代了。」而 1982 年《武林》雜誌第 10 期馮大彪《馬氏四傑之一的馬賢達》一文：「馬賢達告訴筆者，他今年 50 歲，祖籍河北『武術之鄉』滄州。生

在一個沿襲六代的武術世家，……他在案頭上寫了『通備』、『通臂』、『通背』三個名稱。接著說：這三個流派多被世人混淆。……他認為，通臂近十種，通背若干種，臂與背之間，又有通稱，通備才是他家的祖傳。」

1985 年《甘肅體育》史料專輯第四期《馬明達關於劈掛八極翻子和苗刀的談話》一文有：「據先君講，這兩個字（指通備二字。筆者注。）是他的業師鹽山黃林彪先生的傳授，黃先生得自李雲表，李雲表得自潘文學，潘文學以前就不大清楚了。黃先生講，李雲表的傳授是外稱『通臂』，而內稱『通備』……」。

馬鳳圖老先生在有關他新創的「通備」提法的內容中稱：「世有以通臂和通背名其拳者，庸俗之技，偏嫉之術，異乎大通大備之學……明其釋指歸，且冠以三藝。三藝者，武藝，醫藝，書藝。所謂三藝通備之學……至愚兄第盡平生之精力，綜括十門之藝，擴充光大，獨立創造，新而又新之學也」等語。至此以馬鳳圖老先生有關「三藝通備」之要義與三人所述「通備」的內容比較，可以得出下列甚不一致且極相矛盾的情況。

248

馬穎達、馬賢達先生和馬明達在其父馬老先生有關他新創「三藝通備」的出處年代中，一說「相傳十四代」，一說「沿襲六代」，一說「潘文學以前就不大清楚了」。三者論點都各異其辭。此其一。

馬賢達先生稱：「通臂」、「通背」、「通備」三個流派多被世人混淆的說法，可得出新創「三藝通備」提法與「通臂」、「通背」拳種流派在內容、源頭等方面沒有關係的結論。如果與馬明達所謂內稱「通備」而外稱「通臂」的

論點相比較，二者論點在關係上的有無是迥同的。此其二。

新創「三藝通備」的年代出處由上列引證的「十四代」、「六代」、「潘文學以前就不大清楚了」的論點為依據，與馬鳳圖老先生有關他新創「三藝通備」的提法內容相對照、比較，其結論是馬老先生所稱「三藝通備」為他「獨立創造，新而又新之學」的論點是大相逕庭的。此其三。

以馬老先生「世有以通臂或通背名其拳者，庸俗之技，偏嫉之術，異乎大通大備之學」的斷語與馬明達所謂內稱「通備」而外稱「通臂」的斷語相對照，馬明達斷語使讀者莫名其妙，不解其底理。也致使歷史久遠的「通臂」拳種流派的源頭內容與新創「三藝通備」的原旨要義嚴重混淆。此尤為重要，不可忽視，因為它關係到新創「三藝通備」是否作為一個拳種流派的問題，及其「通臂」拳種流派是否有「內稱」、「外稱」之說，是有待認真研究討論的問題。此其四。

綜上所述，關鍵所在是馬明達以「通備」一詞的源頭作為依據，含糊地依附「通臂」拳種流派，並以內稱外稱為辯解，其意似使通備與通臂在相混淆中立足。

因「三藝通備」所通採「十門之藝」的各個拳種，都各自保持著本門拳種套路鮮明而不同的技法風格特點，對於這些拳種的風格特點，從根本上又未加改動，且又冠以「三藝」，通稱「三藝通備」，所以不能作為一個單純的拳種流派來看待，而應依據馬老先生有關他新創「三藝通備」的提法內容去認真研究它。

在馬老先生有生之年，本人有幸聆聽馬老先生有關「三藝通備」要義講解及其教誨，受益匪淺。茲摘錄「三藝通

備」要義部分供同好參考:「通備之學,學通天地人,藝備志仁勇。通天下之志,備萬物之情。志通學備,斯名通備。且理象會通曰通,體用具備曰備,綜合言之,曰『通備』。以至通神達化,備萬貫一,所包者廣,九通之書……世有以通臂或通背名其拳者,庸俗之技,偏嫉之術。異乎大通大備之學。茲特詁其要旨,正其釋義,明其釋指歸,且冠以三藝,三藝者『武藝、醫藝、書藝』。所謂三藝通備之學,為吾家祖傳之寶,至愚兄第盡平生之精力,綜擴十門之藝,擴充廣大,獨立創造,新而又新之學也。」

以上不難看出,對武術研究,馬老先生在武術的體用同其他文藝藝術領域綜合研究的廣度和深度方面進行了新的探索,試圖在「武藝、醫藝、書藝」三個領域或更多的方面達到融會貫通,通神達化的高度,以「三藝」通備為理論概念,解決前人沒有提出過的問題。在這方面馬老先生走出了單純武術研究的圈子。

在馬老先生有生之年,「三藝通備」提法始終沒有系統的理論基礎著作問世。是一件憾事。而後繼之人,能否承其未竟之業,弘揚系統理論,補充完成為一後來居上之說於武術之中,巋然獨樹新幟?根據目前各抒己見,彼此抵觸的情況,是難以設想的。因此,用實事求是的科學態度,來認識研究三藝通備提法內容的原意,是唯一正確的途徑。因為任何一個拳種流派的發揚廣大,並能植根於群眾之中,不在於他巧妙的托古,附會臆造的高深,而在於它的真實性及其健身技擊和有益於人類的價值。

撰此拙文,意在寄托對馬老先生的懷念,向前輩學習,取法乎上,達到拋磚引玉之目的。

（載於 1988 年第 2 期《武魂》）

西北地方拳種傳播的歷史釋例

　　武術在我國沿襲發展已有數千年之久。由於社會的發展和本身變革的影響，形成了許多拳種和流派，其內容博大精深，豐富多彩，已成為我中華民族獨特的寶貴文化遺產之一。

　　武術在西北各地的發展傳播，已形成具有地方特點的套路，有較細記載的，約有 300 多年的歷史。其社會因素也較多，如政府設防從各地派來駐軍、各省遷來移民、發配或在逃人犯、退役後定居當地的軍人、過往客商、江湖藝人、僧道遊客等等，不同程度地帶來了各種拳種套路，這些都極大地豐富了具有西北風格特點的拳種內容。

　　其中受社會影響的以在甘肅的駐軍為主。明代初年為防止西北蒙元殘餘勢力的入侵，設甘肅鎮和寧夏鎮，並駐有重兵。永和時期為加強對西北少數民族的統治，設置關西七衛，大都在河西地區和肅北。有正副指揮（有當地少數民族首領擔任）統帥軍隊，長期駐守。

　　清政府除在軍事要地駐有提督統帥軍隊，鞏固在甘肅的統治外，還有蘭州、武威和八旗駐防軍。以上這些軍隊平時都教練武術，士兵人人能之，以備陣戰。及至退役回歸鄉里，自然傳於各地。為防衛地方，農村青年也必爭相學習。且習得一技，便於應征後防身或立功。尤其在清代後期，八旗、綠營廢弛，為補充八旗、綠營之不足，乃臨時招募農民為團練（鄉勇），習武之風遍及各地，退役後回歸鄉里，鄉

民更爭相學習，以備應募。在招募之前，退役之後這一過程，自然推廣武術於各地。

明清兩代科舉，也加試武科與文科同，由秀才至舉人、狀元。青年不能習文者，則習武。又多聯合聘請拳師教練拳腳撲打和弓馬兵器，以便應試，博取功名，錄用為軍官。為此，除農民外，城鄉有錢人家子弟也亦多習武，風氣一時極為普遍。

明末清初，京師和省城又立武備學堂（軍校前身）除洋槍外，同時也學習武術。由於武備學堂畢業生又能派到各地學校任武術教官，於是學生習武，一時亦成風尚。

北伐前後，西北軍馮玉祥部下駐西北各省，向以武術著稱。尤其大刀隊訓練有素，接戰每奏厥功。其中退役後散歸鄉里、城區者也傳其武藝。馮玉祥在蘭州期間，也常舉辦武術比賽活動，以龍泉劍為獎品（此史實也有傳述），至今在武術界傳為佳話。

另外，民間各種武術拳種流派的流傳來源也較多較雜。農民武裝起義組織也多精練武術、武打，以禦官兵。道會門也與其合流，拳師設壇為起義群眾教習武術。起義後又大多散歸各地，傳其技藝於群眾之中。

武術拳種在甘、寧、青、新諸省傳播最為廣泛定型，且具有西北風格特點，並有較詳細記載的，要數「八門拳」。其拳械套路約有百餘種之多，內容非常豐富，以健身技擊著稱於西北各地。其手法以斬、劈、挑、撩、搧、砍、掛、推、帶、纏、拍、砸、擠、靠、撞等為主；腿法以扣、擺、絞、絆、蹬、蹉、踢、踹，慣於大小奔腿、裡踩、跺子等見常。上中下三盤齊動，融為一體。

其拳種傳人係河北燕山常巴巴（回），人稱常巴巴爺（據傳常巴巴係明朝開國大將常玉春之後）。他邊傳教邊傳藝，來西北的時間說法有二：一說為嘉慶年，一說為清末咸、同年間。病故年代不詳，葬地在蘭州市五泉山西側山坡上（現在西北民族學院校址），早期回漢兩族徒眾於祭日常去墳地紀念，其後久已失修。但他留給西北人民的瑰寶——武術「八門拳」，在漫長的歲月中，其傳人已在西北諸省遍地開花。

　　早在明嘉靖年間，少林上人覺遠和尚，為弘揚少林之名，乃喬裝出遊於山、陝、甘、川、滇、楚等地，遍求武林名師，到甘肅蘭州時，於水北門外（現在永昌路北端）請去李姓老人及其子一人（老翁原係中州人氏，因事流居蘭州傳藝）。老翁在少林盡傳其技藝十餘載，其子後皈依禪林，改號澄慧。其後澄慧上人獨掌僧眾，亦為少林巨子。這些史實在蘭州地區有很生動的傳說。吳圖南先生著《國術概論》一書中，對此史實亦有詳盡記載。

　　又如西北流行的又一拳種「登州捶」，係山東籍軍人因病退役後定居蘭州，傳藝給于氏，流傳至今。後人稱于氏為「于登州」。還有 1986 年《武魂》第 4 期本人在拙文《瘋魔棍出自何處》，曾談到清咸、同間楊懷洲先生因人命官司流落張掖，輾轉武威，定居蘭州並依「少林寺武藝法本」傳《瘋魔棍》。在近百年中，已形成具有西北風格且不同於其他拳種技法特點的棍法套路，獨具一格於武林中，也極大地影響和豐富了西北拳械套路的內容。以上事例都足以說明西北武術形成的歷史淵源的龐雜及其悠久性。

　　當然，一個地區的武術流派源遠流長，歷史因素也錯綜

複雜，西北地區拳種亦不例外，僅就其史實之彰明較著，有
驥可索者，撮記其事例，聊供方家取捨耳。

（載於 1989 年第 6 期《武魂》）

「三藝通備」真義
——略議圍繞「通備」一詞的托古和臆造

多年來一些武術雜誌報紙對通備一詞多有論述，對於它
的出處、提法、年代、內容以及與其它拳種流派在關係上的
有無，出現了許多臆說。本人就此於 1987 年《武魂》雜誌
第 1 期、1988 年《武魂》雜誌第 2 期分別以《「通備」、
「通背」、「通臂」之異同》和《再談「通備」是何意》為
題，就本人所知先後予以論述；本人原意，這關係到拳種來
源與流派真偽，有必要慎重追遠，正本清源。

本人在 1987 年、1988 年《武魂》雜誌先後談及「通
備」一說的兩篇文章中，例舉了馬穎達、馬賢達、馬明達諸
先生對於「通備」一詞自相矛盾且彼此抵觸的解說，以及三
人各述又都與其父馬鳳圖老先生有關「通備」一說的斷言解
釋大相徑庭的情況，於此不再盡述。本文只是將前說會同就
近幾年有關「通備」一說多次出現的臆說，將前文引證或未
引證的文字有選擇的例證於後，供武術界前輩同好共同討
論。

其一：《武魂》雜誌 1992 年 8 期 31 頁《回族武術及名
家舉要》一文中有「其弟子公推黃林彪（1821～1907 年）
為宗師。黃出身秀才，淡泊功名，以奉醫寄志娛情。其弟子
馬鳳圖（1888～1973 年）系統地融會了李雲表、蕭和成、

黃林彪的通臂學說，熔八極、六合、翻子、戳腳於一爐，終於形成了以通臂功為核心的通臂劈掛門拳械系列⋯⋯」

其二：《中國武術實用大全》，康戈武編著，第 209 頁「通備拳」一目中稱：清末，潘文學首先在鹽山、滄縣倡導和傳播通備拳，其弟子李雲表傳黃林彪，黃傳馬鳳圖，遂形成了現在的通備拳體系。

其三：瀋陽體育學院瀋陽武術挖整組和遼寧省武術挖整組主編，人民體育出版社出版 1990 年 9 月第 1 版《通背拳》一書，第一章第一節《通背拳的源流與發展》一條中稱：通背拳的流派較多，主要有：白猿通背，五行通背（即祁氏通背），活葉通背，劈掛通備⋯⋯（著重號筆者加，以下同。）

其四：《甘肅體育》專輯武術研究第 1 期總第 8 期 90 頁《顏李學派與武術》一文中有，據前輩武術講：約道、咸年間，一位曾任河北鹽山縣教諭的潘文學其人，他在鹽山縣書院文武兩科教授學生，著名武術家李雲表、蕭和成等人就是書院武科的學生。這位潘文學提出了一套「通備」學說⋯⋯。

其五：1981 年 4 月 14 日《甘肅日報》第四版《勤灑汗水育武林》一文中馬穎達稱：「通備是我家祖傳的拳種，到我這一輩，已經相傳十四代了。」（筆者注：如果一代按 25 年計，十四代應為 350 年，一代按 20 年計，也為 280 年。前乎此時則顏李學派尚未名世）。

其六：1982 年《武林》雜誌第 10 期馮大彪《馬氏四傑之一馬賢達》一文：「馬賢達告訴筆者，他今年 50 歲，祖籍河北武術之鄉滄州。生於一個沿襲六代的武術之家，⋯⋯

他在案頭紙上寫了『通備』、『通臂』、『通背』三個名稱。接著說，這三個字多被世人混淆。……他認為，通臂近十種，通背若干種，臂與背之間又有通稱。通備才是他家的祖傳」。

其七：《甘肅體育》1985 年史料專輯第 4 期《馬明達關於劈掛、八極、翻子和苗刀的談話》一文有：據先君講，這兩個字（指通備二字，筆者注）是他的業師鹽山黃林彪的傳授，黃先生得自李雲表，李雲表得自潘文學，潘文學以前就不大清楚了。黃先生講，李雲表的傳授是外稱通臂而内稱通備……。

馬鳳圖老先生在有關他對「通備」一說的提法遺墨中（附遺墨照片，筆者供）稱：「世有以通臂或通背名其拳者，庸俗之技，偏嫉之術，異乎大通大備之學。」從此段文字中不難看出，馬老對通臂或通背的提法作出了否定且與「通備」提法毫無關係的斷言。馬老先生在遺墨中又稱：「……所謂三藝通備之學……至愚兄弟盡平生之精力，綜括十門之藝，括充廣大，獨立創造，新而又新之學也。」從馬老先生有關他獨立創造，新而又新之「三藝通備」學之要義出處及提法內容中可以知道，以上列舉多種有關「通備」的解說不但自相矛盾，且與馬鳳圖老先生的立論原意大相抵觸。不難看出，在武術研究挖整工作中所反映出的史料，有些是有意在托古或臆造。

關於「通備」一說的提法，就本人淺見，「通備」一詞在中國的各種武術專著中查無記載，這同「通備」一說的最權威人士馬鳳圖老先生的「獨立創造，新而又新之學也」的立論是相一致的。近年來武術雜誌中不斷出現自相矛盾且不

能自圓其說的文章是因為不了解其底理所致。從已掌握的史料中不難得出這樣的結論：「通備」不是一個拳種門派或流派，而僅是一種單純的提法。因「通備」一說所通採「十門之藝」中的各個拳種，如「劈掛拳」、「八極拳」、「翻子拳」、「戳腳」等等，它們都有各自的拳種門派，也都仍保留著各自拳種套路的鮮明而不同的技法風格特點。同時，「通備」一說對於所通採的十門拳種在風格與技法特點上並未從根本上熔為一爐，只是在各個拳種的前面冠以「通備」二字，其立論只是在武術的體用，及其它的如書藝、醫藝的綜合研究和廣度與深度方面進行了新的探索，試圖在武藝、書藝、醫藝三個或更多的方面達到融會貫通，通神達化的高度。以三藝通備為理論概念，走出單純武術的研究圈子。

　　以上問題只是在通讀上列各位的著作之後感到彼此矛盾且與史實相去頗遠，故撰此拙文，意在向前輩學習，供同好研究。望武壇前輩拳史名家多予匡正。

（載於 1998 年第 11 期《武魂》）

257

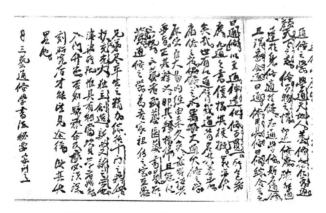

馬鳳圖先生「三藝通備」原旨理論遺稿墨跡

西北「棍王」王天鵬

作為中華民族寶貴文化遺產之一的武術，在西北各地的傳播發展，已形成地方特點套路且有詳細記載的，約有 300 多年的歷史。溯其社會因素，諸如政府設防，從各地派來的駐軍、各省遷來的移民、發配或在逃人犯，過往客商、江湖藝人、僧道遊客等等，都不同程度地帶來了各種拳種套路，這些都極大地豐富和充實了具有西北風格特點的拳種內容。

清代除在軍事要地駐有提督統率軍隊，鞏固甘肅的統治外，還有蘭州、武威等地的八旗駐防軍，士兵各個能之，乃至退役回歸鄉里，自然傳武於各地，習武已成風尚；「北伐」前後，西北軍馮玉祥部下駐西北各省，向以武術著稱，馮在蘭州期間，也常常辦武術比賽活動，並以「龍泉劍」為獎品，至今傳為佳話；少林和尚楊懷洲先生，在清咸豐年間因人命官司流落張掖、武威，後輾轉半州，由五泉山張新橋武術家的留養而定居蘭州。他盡傳以後威震武林的「瘋魔棍」法，在近百年已形成具有西北風格特點且不同於其它拳種技法特點的棍法套路。

武林中有「東槍西棍，南拳北腿」的佳話。馳名西北的「西北棍王」王天鵬先生，無人不知，無人不曉。王年輕時一身俠骨雄風，浩然正氣，他善施扶貧，為地方所稱道。民國初，東郊廠營內有駐軍，內有三十七人結為兄弟（號稱十八雙半），人人都能舞槍弄棒，拳腳不凡，然而卻時常惹事生非，禍害鄉里，百姓敢怒而不敢言。一日，王天鵬先生在戲院門口，這些人到後有意引鬥，結果被王打得一個個人仰

馬翻，抱頭鼠竄，地方從此太平。王天鵬先生名聲大振。

馬英圖先生在南京中央國術館任過科長。他初到蘭州時，自恃上海打過擂，聲振武林無人敢碰，而聞「西北棍王」王天鵬大名，欲試以決雌雄。一日，二人相約，各執短棍，你來我往，殺得難分難解。王天鵬憑著高人傳授，個人苦練，在其棍下也倒下過不少各路好漢。他沉靜迎戰，本想馬乃遠道初來之客人，過幾招玩玩了事，但卻沒想到馬今日招招逼人，沒完沒了，立感今日非同小可，一橫心重抖精神，以純熟的「瘋魔棍」招法，打得棍棍見招，招招見功：上下飛翻是搬砸紐扣；左右搬點是劈、挑、撥、撂，是人是棍難以分辨。只將馬英圖打得眼花繚亂，難架難顧，不到十餘回合，馬漸漸不支，手忙腳亂，沒了方寸。王瞅準時機，唰！唰！唰！左右掄劈，朝著馬英圖手腕，轉換個「雲裡撥燈」，馬當即棍飛人斜，低頭跑進屋裡。從此，馬鳳圖、馬英圖兄弟對西北棍子無不稱道。此後因馬氏子侄當時年幼，只好由馬鳳圖先生之妻弟羅文源跟王天鵬學習棍法，但終因種種原因，羅終不得其棍法全真要領。

蘭州地區歷史悠久，武術流派源遠流長，歷史因素錯綜複雜，本人僅僅就其史實之彰明較著，有驥可索者，撮記其事例，僅供方家教政取捨。

（載於 1998 年 12 月 4 日《蘭州晚報》）

略議有關《中國武術人名辭典》一書中杜撰「鞭杆故事」的內容

　　1994 年人民體育出版社出版，《中國武術人名辭典》一書（後稱「辭典」）第 196 頁，羅文源一條中稱「羅文源……最喜棍法……能以通備勁法融於棍術中，……觀其練棍者，無不嘆為觀止。……在馬師的指導下與王天鵬創編了鞭杆精萃，五陰、七手、十三法後廣為流傳。二人並稱隴上棍王」等語（著重號為筆者加）。於此錄《辭典》中有關失真的文字，意在闡明以下幾個問題：本人在《武魂》雜誌多年來多次發表的有關：「通備」一說的文章中，以不可辯駁的史料依據斷言「通備」不是拳種或拳種門派。也論證了「通備」一詞在中國武術的各種資料中查無記載。今天怎能以沒有「通備」一說的「通備勁法」融於棍術中呢？也真能無中生有，豈不怪哉！此其一。

　　本人 1998 年 4 月發表於《蘭州晚報》題為《西北棍王——王天鵬》一文中，真實生動地記述了當年王天鵬與馬英圖在短棍較量要見高低時，王天鵬將馬氏打了個棍飛人斜；其後因馬氏兄弟之子侄年幼，馬鳳圖先生讓妻弟羅文源拜王天鵬先生為師學習長棍、鞭杆技法。此事蘭州地區武術界無人不知、無人不曉。都只知道「西北棍王——王天鵬」一說。「二人並稱隴上棍王」純屬個人杜撰。此其二。

　　在《辭典》一書中，沒有「西北棍王——王天鵬」的條目記述（這也不足為奇，也不是非要上條目就了不得）。奇怪的是《辭典》中只在其徒羅文源的條目中將王天鵬以「二

人並稱隴上棍王」一筆巧妙的代過。使二人的師承關係混淆不清，屬欺世蒙人。可以看出「供稿人」用心之「良苦」，又在所不顧。此其三。

此次本人所著《瘋魔棍法闡宗》一書中有關「鞭杆」的內容，有較詳細的介紹，蘭州地區武術界有「五陰、七手、十三法、纏海只打十八下，瘋魔鞭杆不二家」的口碑。說明蘭州地區武術界流傳的「鞭杆」與「五陰、七手、十三法」相關的還有「纏海十八手，瘋魔鞭杆」。「五陰、七手、十三法」鞭杆精萃確在隴上及西北部分地區有流傳，歷史悠久。但是，由於歷史條件以及當時對武術認識的侷限性，導致的保守、秘而不傳等原因，使得一些鞭杆精萃未能廣泛流傳。中國武術的舊傳統、舊觀念歷來如此，也並不奇怪。

王天鵬先生及當時的棍中高手「甘州王——王延明先生」等一些不喜張揚的武術名家，他們也都是武術圈中的好友，先後對上述鞭杆套路在長期的研究過程中進行了修正完善，做出了極大的貢獻是眾所周知的。而在《辭典》羅文源的條目中出現了師承倒置，且妄稱：「在馬師的指導下與王天鵬創編了鞭杆精萃五陰、七手、十三法……」等等離奇失真的笑料，讓人咂舌。「在馬師的指導下」一語中，「馬師」一語所指尤其含糊，不難看出其臆造的難度。就以西北地區，甘肅蘭州市所轄一個縣或區而言，姓馬者多如牛毛，稱馬師者多如牛毛。「在馬師的指導下」一語能作為史料依據嗎？否！

60年代初，我所在單位蘭州機車廠因三年自然災害而緩建，我暫調蘭州市飲食服務公司清真二部工作，認識了在二部工作的老保管羅文源先生，經家父的好友老經理馬庭瑞

先生的介紹羅與我有了接觸。

　　羅與我在一次交談中似有意在考問我：將鞭杆歌訣第三句「滾掐躥戳」中的「戳」字，故意讀成「說」音（諧音）。我隨即回道：不是「說」是「戳」。並用雙手——右前左後相合成抱鞭勢，稍向前做了兩個「戳」的動作。羅邊喝酒邊點頭笑道：「是啊，就『戳、說』，王老（指天王鵬先生）多少年來不給點破……。」說著搖了搖頭。我當時很有感慨。我們又談了許多。

　　據有關史料載，民國時期出版的武術書籍在千種以上，而內容失真者達 90% 以上。這是武術史考證家們艱辛努力考證的結果。容易嗎？然而，在科技高速發展的今天，為何還有人不遺餘力地走托古、捏造的老路呢？

二〇〇二年六月

262

瘋魔棍為中央國術館所獨創嗎？
——為瘋魔棍出自何處一文補遺

　　自 1986 年以來，對於久著盛名的西北瘋魔棍法，承蒙《武魂》雜誌的關心，讀者的愛好，從源流問題、譜本內容、棍法特點等方面向國內外首次在《武魂》雜誌進行了討論。繼而連續介紹了該棍法《瘋魔棍》部分的 1～12 趟。引起了廣大讀者的極大興趣，紛紛來信要求對該棍法進行詳細介紹。近兩年本人對該棍法的組成部分天齊（十八趟）、天門（十八趟）、瘋魔（十八趟）、紐絲（十八趟）計七十二趟的套路技法特點和與該棍法有關的傳統鞭杆套路技法特點分別進行了整理，本著互相學習的目的，集思廣益，在可能

的情況下提供同好研究討論。更懇切地期望先輩專家多予教誨。

本人自承繼該譜本棍法以來，嚴守家父遺訓，擱置了多年，因自揣淺陋，不敢冒昧輕傳，奈現年亦近 5 旬，為此開放盛世，願為中國的寶貴遺產武術的挖整工作盡力。但首先需對該棍法的源流出處、譜本內容等，僅就管見所及，藉此闡述，參加討論，群策群智，以利進一步求得史料的真實。

《武魂》雜誌 1986 年 1 期《中央國術館獨創瘋魔棍概述》（後簡稱《獨創》）一文，對關鍵性問題，予人之概念含糊，沒有提出可信的依據資料。因此，本人不揣淺陋乃就「少林寺瘋魔棍法」的源流、譜本、歌訣在西北（蘭州）等地區的概況以《瘋魔棍出自何處》為文，於同年《武魂》雜誌第 4 期作過闡述。本人原意，人人應承認淵源有自，而承繼習好因人而異；雖前後人才輩出，傳統或總歸一脈。知之為知，不容假借。各家也應以實事求是之科學態度為準則。否則，真偽難辯，源流紊亂，貽誤後世甚大。

263

又在《武魂》雜誌 1987 年 3 期看到《讀〈瘋魔棍出自何處〉一文有感》（後簡稱「有感」）的文字。對「有感」一文引證補充說明其在「中央國術館獨創瘋魔棍概述」（後簡稱「獨創」）一文內容的不足。本人想就此響應本文的號召，以熱心者參加討論「獨創」一事的有無。並闡明對「獨創」一說的不同看法。

「獨創」一文的關鍵是「獨創」二字，它給讀者的影響是「瘋魔棍」及其名稱為中央國術館獨立創造才有的；也就是說，前所未有。始自中央國術館的獨創（在「獨創」一文的整個內容中，對「瘋魔棍」一名的有無，「有感」一文沒

有向讀者作任何注解說明）。且在「獨創」一文中斷言：
「馬英圖（原籍滄州），離國術館定居甘肅，並在此廣傳此
技。亦傳人眾多，形成西北（蘭州）一支。」等語。上說的
要義是，西北蘭州所傳瘋魔棍為馬英圖從中央國術館所帶來
的。給讀者加深了瘋魔棍始自中央國術館，前所未有的影
響，有混淆史料的作用。如果在「獨創」一文中不含糊臆
斷，並能明確說明「獨創」瘋魔棍與西北（蘭州）等地流傳
百年以上的《瘋魔棍》不是一回事，也不能相提並論。讀者
不會有「名同則一」或其他的看法。（事實見後）

　　「有感」一文中補充確認：「百年以上瘋魔棍我也略有
見聞，沒有什麼矛盾，不能否之。」等語。說明西北（蘭
州）等地廣為流傳的瘋魔棍存在無疑。因此「中央國術館獨
創瘋魔棍」不能與本人所述少林寺瘋魔棍法相提並論。這一
點本人沒有異議。也不再作為本文討論的焦點。

　　由於國術館張之江、郭長生、馬英圖三人合編「獨創瘋
魔棍」一事，在「獨創」和「有感」的文章中，沒有提出可
信的「人證」、「史料」依據，因此仍有繼續討論的必要。

　　「有感」一文中提及「不相信人證」，「只相信史料」
一節；我認為，本來就歷史來說，人證物證都是史料，只看
其驗證之價值如何，不能偏物而輕人，同樣不能重人而輕
物。「人證」或「史料」可信的關鍵在於其真實性所佔的比
重和可取的價值。可信的結論，不應在廣泛調查研究之前，
而應在之後。尤其在涉及個人利益的重大問題，廣泛走訪第
三者是必不可少的。

　　「有感」一文，「獨創」一說的三個編者中，只走訪了
其中二人的親屬，沒有走訪與張之江有關的「人證」，且在

僅有的兩個「人證」中，就其所說「獨創」的年代又極相矛盾。郭瑞祥所說為「三十年代初」，馬穎達所說為 1943年。而郭長生當時已於 1937 年探親回家再未回國術館。因此「人證」馬穎達所說 1943 年三人合編「獨創瘋魔棍」一事已無法成立。如果只以郭瑞祥的一面之詞「三十年代初」作為可信依據，實在片面，不能令人信服。蓋一人之言即便是其本人所「獨創」，如無客觀證明，亦值得懷疑，不能據以定案。

藉此，我想提以下與「獨創」一說有關的人證資料，供同好研討，會有助於說明問題的真相。

其一：甘肅群體專輯《武術研究》1982 年 1 期馬明達《試論當前武術史研究中的幾個問題》一文中有：「……民國十七年郭（指郭長生）在南京與時任中央國術館科長的馬英圖相遇，二人很相得，馬教給郭劈掛、瘋魔棍……」等語。（其事即便存在，也只能說明二者的關係是傳授，而不是由合編到獨創。且與其兄馬穎達所說又極相矛盾。甚不一致。筆者注）

其二：馬英圖定居甘肅期間，其兄馬鳳圖先生之妻弟羅文源及其他一些武術愛好者，在瘋魔棍法方面，都求教於王天鵬先生（時稱西北棍王）。王傳人不多且很保守。這是西北（蘭州）武術界人人皆知之史實。由於歷來保守嚴謹的師傳遺訓及其他原因，羅文源等在瘋魔棍法方面，也只是受授了一些支離脫節的棍法。因此，可見在西北蘭州長期流行的瘋魔棍，是王天鵬等先輩踵述幾百年來其歷代師父而來，與中央國術館在三十年代「獨創」無關。且不說他有偷襲的嫌疑。並且所謂只有五十五手「獨創」一說的素材來源及其有

無，可由更廣泛的走訪「人證」和合理合情的推理，會得出更正確的結論。

其三：長期在中央國術館任職，1928 年冬全館考試，文武兩科獨佔鰲頭，年僅二十三歲、躋足教授行列、後留學日本、集文武中西於一身，後升任該館教務長的楊松山先生，在甘肅群體《武術研究》1982 年 1 期《有關中央國術館的片斷回憶》一文中稱：「……持械有大杆子，皮劍（即長短兵），日本式劈刺術等。所有這些，都是沿襲舊法，師說為是的老模式，根本談不上什麼推陳出新，科學實驗。但是這個問題，不是沒有做過，有些人也試探著做過，惟其沒有脫出前人的『舊材料的新組合』這個範疇，所以仍沒有做出個像樣的東西。……做出的熔各種拳術於一爐的大連環套路——聯意拳，目的是想『集錦攢秀』，而實際卻是棄精納雜，支離氣結，到底沒脫出舊的窠臼。無怪人們把它叫做『雜和菜』，不願多練。……」

楊松山先生生前還講述，當時國術館的棍術必修課是「群羊棍」，而不是其他。從上述引證楊松山先生的記實性片斷回憶和馬明達的文章內容以及馬穎達、郭瑞祥人證的矛盾說詞，不難說明「中央國術館獨創瘋魔棍」一說，不具備起碼的立足點和可信的依據。由前面列舉事實，不難得出：「獨創」之說可斷言，應屬他人臆造而不能成立的結論。

至於「有感」一文稱「獨創瘋魔棍」又有「五十五棍」、「瞎子棍」、「拼命棍」等繁多的名目，則根據以上結論，俱應以「獨創」一說的否定而否定。或再討論其底理。

在「獨創」和「有感」兩文中，曾談及蔡先生著有「少

林寺風魔棍」一事；我認為，瘋魔棍或風魔棍其原源都是以出自少林寺是相一致的。不同的只是史料的完整與否。雖「風」、「瘋」有別，其根本不屬「獨創」一說的範疇。此次討論問題的焦點是：瘋魔棍一名是否「獨創」及由「獨創」一說所被混淆的許多問題。另涉及其他一些零星問題，本文都無談討之必要。

「獨創」和「有感」兩文為研究討論瘋魔棍的出處，不吝珠璣，提出有關人證，進一步磋商的科學態度，對於武術挖整工作之精神，很值得同好贊賞和學習。

筆者也希望對於「獨創」一說的存疑，進行更廣泛的再討論。上說欠妥之處，敬請廣大讀者批評教正。

編後語

　　喜歡讀書寫筆記，記述各類人文趣事的習慣，是我從小養成的。幾十年過去了，現在仍然如此。「文革」時期為安全計，我燒掉了三十餘本筆記近二百萬言，我……。

　　祖上崇尚武藝，常來家的客人中習武者因此也就居多。話題也多離不開武藝方面的人文趣事。這些也成了我記述的主要部分之一。

　　我由喜歡到痴愛武藝，在實踐中認識到武藝是一門由武學與文學綜合的藝術。要真正了解它的精髓所在，不容易。它是寶貴的中華民族文化遺產的重要組成部分。它將會被世界人民所接受。

　　近 20 年來，對武藝研究的諸多方面，我在專業雜誌上發表文章進行有意義的討論，引起了同道們的注意。因此也交往了不少國內外武術界的同仁好友。他們對我熱心開導，幫助支持，也有不少讀者紛紛給雜誌社和本人來信，要求連載或出書。促使我對武藝，特別是對長、短棍法方面進行研究，解析整理，這是有益於國家民族的事情，否則將成終身憾事！我被深深的感動，我又深感自己淺薄，但只有盡力而為。

　　天道酬勤，終將《少林瘋魔棍法闡宗》一書完成。但諸多方面不盡人意。我衷心感激同仁好友的熱情與真誠和他們深明大義的胸懷。

　　書中的照片、單線配圖都是依照本人演示拍攝、繪製而成。

　　書中所收集文章，由於不是同一時期完成，所以有些文字在不同文章中因為需要而有重複提及的現象，不是故意。我的本意是將我淺薄的知識、經驗、觀察現象進行較正確的總結，形成合理的文字流傳於世。我力求寫得全面、準確、生動。由於本人閱歷、知識面、文字水準很有限，因此文字中難免有詞不達意乃至錯誤之處層出。我很清楚明白，這若大世界，人生幾何，只為有益事做，不為評說。

　　幾十年來我可謂桃李天下，但我從未有過天地君親師的那種特殊意識，哪怕市場經濟的今天，我也未曾在學生身上下過錢的功夫。我們只以情義相處相隨。

　　我以為學生似煙雲過客者在情理之中，情深義重者也在情理之中。我從他們身上了解和見到了不少做人的方式。我為他們的種種作為而懂得了人應有的人格是價值的實際意義。但情與義的淺淡總使我百思不得其解，情與義的深厚也使我得以安慰。

269

　　學生王懌恆，他對我說得好：「我進了師傅的門，頭可不是隨便磕的……。」我有幸不遠千里多次去過他家。我明白了他之所以情深義重、德性高尚，是因為他有德性高尚、修養極好的雙親與美滿和諧的家庭所致。難得。

　　《少林瘋魔棍法闡宗》一書中有關鞭杆「五陰、七手、十三法、探海十八手」的單線配圖一部分由王春成完成。另一部分配圖聘請了劉燕同學。由於小劉未接觸過武術，致使配圖不能很好地表現出武術運動的特殊韻味而不甚理想。但我還是十分感激她那種熱情認真的誠心與努力。特此說明，請同仁理解，在演練的實踐中只要認真體會，其效果也會更佳。

在我武術論文特別是有關《瘋魔棍法》內容發表的過程中引起了國內外同道友好的重視和注意，八十年代初有國外友人特地尋訪我，被一同道——接待者妄稱我不在蘭州，已八九十歲了，耳聾眼花了，即是找到也無用了，云云……。（我現在也不過六十一二而已）我得知此事後只是淡淡一笑，朋友說：是否是因我的文章太犀利之故？……我道：否！寫文章必須是心得之言，方能有見地，有力量。李逵何時怕過李鬼！問題的關鍵是要老老實實做人。

　　我衷心希望同仁好友批評教正。

　　在整理的過程中得到學生王懌恆、王西野的資助，於此表示衷心的感謝！

馬　德

大展出版社有限公司
品冠文化出版社

圖書目錄

地址：台北市北投區(石牌)　　電話：(02)28236031
　　　致遠一路二段12巷1號　　　　28236033
郵撥：01669551＜大展＞　　　　　　28233123
　　　19346241＜品冠＞　　　傳真：(02)28272069

・少 年 偵 探・品冠編號66

1.	怪盜二十面相	（精）	江戶川亂步著	特價 189 元
2.	少年偵探團	（精）	江戶川亂步著	特價 189 元
3.	妖怪博士	（精）	江戶川亂步著	特價 189 元
4.	大金塊	（精）	江戶川亂步著	特價 230 元
5.	青銅魔人	（精）	江戶川亂步著	特價 230 元
6.	地底魔術王	（精）	江戶川亂步著	特價 230 元
7.	透明怪人	（精）	江戶川亂步著	特價 230 元
8.	怪人四十面相	（精）	江戶川亂步著	特價 230 元
9.	宇宙怪人	（精）	江戶川亂步著	特價 230 元
10.	恐怖的鐵塔王國	（精）	江戶川亂步著	特價 230 元
11.	灰色巨人	（精）	江戶川亂步著	特價 230 元
12.	海底魔術師	（精）	江戶川亂步著	特價 230 元
13.	黃金豹	（精）	江戶川亂步著	特價 230 元
14.	魔法博士	（精）	江戶川亂步著	特價 230 元
15.	馬戲怪人	（精）	江戶川亂步著	特價 230 元
16.	魔人銅鑼	（精）	江戶川亂步著	特價 230 元
17.	魔法人偶	（精）	江戶川亂步著	特價 230 元
18.	奇面城的秘密	（精）	江戶川亂步著	特價 230 元
19.	夜光人	（精）	江戶川亂步著	特價 230 元
20.	塔上的魔術師	（精）	江戶川亂步著	特價 230 元
21.	鐵人Q	（精）	江戶川亂步著	特價 230 元
22.	假面恐怖王	（精）	江戶川亂步著	特價 230 元
23.	電人M	（精）	江戶川亂步著	特價 230 元
24.	二十面相的詛咒	（精）	江戶川亂步著	特價 230 元
25.	飛天二十面相	（精）	江戶川亂步著	特價 230 元
26.	黃金怪獸	（精）	江戶川亂步著	特價 230 元

・生 活 廣 場・品冠編號61

1.	366 天誕生星		李芳黛譯	280 元
2.	366 天誕生花與誕生石		李芳黛譯	280 元
3.	科學命相		淺野八郎著	220 元

・女醫師系列・ 品冠編號 62

・傳統民俗療法・ 品冠編號 63

・常見病藥膳調養叢書・ 品冠編號 631

46. <珍貴本>陳式太極拳精選　　　馮志強著　280元
47. 武當趙保太極拳小架　　　　　鄭悟清傳授　250元
48. 太極拳習練知識問答　　　　　邱丕相主編　220元
49. 八法拳　八法槍　　　　　　　武世俊著　220元
50. 地趟拳＋VCD　　　　　　　張憲政著　350元
51. 四十八式太極拳＋VCD　　　楊　靜演示　400元
52. 三十二式太極劍＋VCD　　　楊　靜演示　350元
53. 隨曲就伸　中國太極拳名家對話錄　余功保著　300元
54. 陳式太極拳五動八法十三勢　　闞桂香著　200元

・彩色圖解太極武術・大展編號102

1. 太極功夫扇　　　　　　　　　李德印編著　220元
2. 武當太極劍　　　　　　　　　李德印編著　220元
3. 楊式太極劍　　　　　　　　　李德印編著　220元
4. 楊式太極刀　　　　　　　　　王志遠著　220元
5. 二十四式太極拳(楊式)＋VCD　李德印編著　350元
6. 三十二式太極劍(楊式)＋VCD　李德印編著　350元
7. 四十二式太極劍＋VCD　　　李德印編著
8. 四十二式太極拳＋VCD　　　李德印編著

・國際武術競賽套路・大展編號103

1. 長拳　　　　　　　　　　　　李巧玲執筆　220元
2. 劍術　　　　　　　　　　　　程慧琨執筆　220元
3. 刀術　　　　　　　　　　　　劉同為執筆　220元
4. 槍術　　　　　　　　　　　　張躍寧執筆　220元
5. 棍術　　　　　　　　　　　　殷玉柱執筆　220元

・簡化太極拳・大展編號104

1. 陳式太極拳十三式　　　　　　陳正雷編著　200元
2. 楊式太極拳十三式　　　　　　楊振鐸編著　200元
3. 吳式太極拳十三式　　　　　　李秉慈編著　200元
4. 武式太極拳十三式　　　　　　喬松茂編著　200元
5. 孫式太極拳十三式　　　　　　孫劍雲編著　200元
6. 趙堡式太極拳十三式　　　　　王海洲編著　200元

・中國當代太極拳名家名著・大展編號106

1. 太極拳規範教程　　　　　　　李德印著　550元
2. 吳式太極拳詮真　　　　　　　王培生著　500元
3. 武式太極拳詮真　　　　　　　喬松茂著

11

22. 難解數學破題　　　　　　　　　宋釗宜著　200元

・實用心理學講座・大展編號21

1.	拆穿欺騙伎倆	多湖輝著	140元
2.	創造好構想	多湖輝著	140元
3.	面對面心理術	多湖輝著	160元
4.	偽裝心理術	多湖輝著	140元
5.	透視人性弱點	多湖輝著	180元
6.	自我表現術	多湖輝著	180元
7.	不可思議的人性心理	多湖輝著	180元
8.	催眠術入門	多湖輝著	150元
9.	責罵部屬的藝術	多湖輝著	150元
10.	精神力	多湖輝著	150元
11.	厚黑說服術	多湖輝著	150元
12.	集中力	多湖輝著	150元
13.	構想力	多湖輝著	150元
14.	深層心理術	多湖輝著	160元
15.	深層語言術	多湖輝著	160元
16.	深層說服術	多湖輝著	180元
17.	掌握潛在心理	多湖輝著	160元
18.	洞悉心理陷阱	多湖輝著	180元
19.	解讀金錢心理	多湖輝著	180元
20.	拆穿語言圈套	多湖輝著	180元
21.	語言的內心玄機	多湖輝著	180元
22.	積極力	多湖輝著	180元

・超現實心靈講座・大展編號22

1.	超意識覺醒法	詹蔚芬編譯	130元
2.	護摩秘法與人生	劉名揚編譯	130元
3.	秘法！超級仙術入門	陸明譯	150元
4.	給地球人的訊息	柯素娥編著	150元
5.	密教的神通力	劉名揚編著	130元
6.	神秘奇妙的世界	平川陽一著	200元
7.	地球文明的超革命	吳秋嬌譯	200元
8.	力量石的秘密	吳秋嬌譯	180元
9.	超能力的靈異世界	馬小莉譯	200元
10.	逃離地球毀滅的命運	吳秋嬌譯	200元
11.	宇宙與地球終結之謎	南山宏著	200元
12.	驚世奇功揭秘	傅起鳳著	200元
13.	啟發身心潛力心象訓練法	栗田昌裕著	180元
14.	仙道術遁甲法	高藤聰一郎著	220元
15.	神通力的秘密	中岡俊哉著	180元

16. 仙人成仙術　　　　　　　高藤聰一郎著　200 元
17. 仙道符咒氣功法　　　　　高藤聰一郎著　220 元
18. 仙道風水術尋龍法　　　　高藤聰一郎著　200 元
19. 仙道奇蹟超幻像　　　　　高藤聰一郎著　200 元
20. 仙道鍊金術房中法　　　　高藤聰一郎著　200 元
21. 奇蹟超醫療治癒難病　　　　深野一幸著　220 元
22. 揭開月球的神秘力量　　　　超科學研究會　180 元
23. 西藏密教奧義　　　　　　高藤聰一郎著　250 元
24. 改變你的夢術入門　　　　高藤聰一郎著　250 元
25. 21 世紀拯救地球超技術　　　深野一幸著　250 元

·養 生 保 健· 大展編號 23

1. 醫療養生氣功　　　　　　　黃孝寬著　250 元
2. 中國氣功圖譜　　　　　　　余功保著　250 元
3. 少林醫療氣功精粹　　　　　井玉蘭著　250 元
4. 龍形實用氣功　　　　　　吳大才等著　220 元
5. 魚戲增視強身氣功　　　　　宮　嬰著　220 元
6. 嚴新氣功　　　　　　　　前新培金著　250 元
7. 道家玄牝氣功　　　　　　　張　章著　200 元
8. 仙家秘傳袪病功　　　　　　李遠國著　160 元
9. 少林十大健身功　　　　　　秦慶豐著　180 元
10. 中國自控氣功　　　　　　　張明武著　250 元
11. 醫療防癌氣功　　　　　　　黃孝寬著　250 元
12. 醫療強身氣功　　　　　　　黃孝寬著　250 元
13. 醫療點穴氣功　　　　　　　黃孝寬著　250 元
14. 中國八卦如意功　　　　　　趙維漢著　180 元
15. 正宗馬禮堂養氣功　　　　　馬禮堂著　420 元
16. 秘傳道家筋經內丹功　　　　王慶餘著　300 元
17. 三元開慧功　　　　　　　　辛桂林著　250 元
18. 防癌治癌新氣功　　　　　　郭　林著　180 元
19. 禪定與佛家氣功修煉　　　　劉天君著　200 元
20. 顛倒之術　　　　　　　　　梅自強著　360 元
21. 簡明氣功辭典　　　　　　　吳家駿編　360 元
22. 八卦三合功　　　　　　　　張全亮著　230 元
23. 朱砂掌健身養生功　　　　　楊永著　250 元
24. 抗老功　　　　　　　　　　陳九鶴著　230 元
25. 意氣按穴排濁自療法　　　　黃啟運編著　250 元
26. 陳式太極拳養生功　　　　　陳正雷著　200 元
27. 健身袪病小功法　　　　　　王培生著　200 元
28. 張式太極混元功　　　　　　張春銘著　250 元
29. 中國璇密功　　　　　　　　羅琴編著　250 元
30. 中國少林禪密功　　　　　　齊飛龍著　200 元
31. 郭林新氣功　　　　　郭林新氣功研究所　400 元

32. 太極 八卦之源與健身養生　　　鄭志鴻等著　280元

・社會人智囊・大展編號24

1.	糾紛談判術	清水增三著	160元
2.	創造關鍵術	淺野八郎著	150元
3.	觀人術	淺野八郎著	200元
4.	應急詭辯術	廖英迪編著	160元
5.	天才家學習術	木原武一著	160元
6.	貓型狗式鑑人術	淺野八郎著	180元
7.	逆轉運掌握術	淺野八郎著	180元
8.	人際圓融術	澀谷昌三著	160元
9.	解讀人心術	淺野八郎著	180元
10.	與上司水乳交融術	秋元隆司著	180元
11.	男女心態定律	小田晉著	180元
12.	幽默說話術	林振輝編著	200元
13.	人能信賴幾分	淺野八郎著	180元
14.	我--定能成功	李玉瓊譯	180元
15.	獻給青年的嘉言	陳蒼杰譯	180元
16.	知人、知面、知其心	林振輝編著	180元
17.	塑造堅強的個性	坂上肇著	180元
18.	為自己而活	佐藤綾子著	180元
19.	未來十年與愉快生活有約	船井幸雄著	180元
20.	超級銷售話術	杜秀卿譯	180元
21.	感性培育術	黃靜香編著	180元
22.	公司新鮮人的禮儀規範	蔡媛惠譯	180元
23.	傑出職員鍛鍊術	佐佐木正著	180元
24.	面談獲勝戰略	李芳黛譯	180元
25.	金玉良言撼人心	森純大著	180元
26.	男女幽默趣典	劉華亭編著	180元
27.	機智說話術	劉華亭編著	180元
28.	心理諮商室	柯素娥譯	180元
29.	如何在公司崢嶸頭角	佐佐木正著	180元
30.	機智應對術	李玉瓊編著	200元
31.	克服低潮良方	坂野雄二著	180元
32.	智慧型說話技巧	沈永嘉編著	180元
33.	記憶力、集中力增進術	廖松濤編著	180元
34.	女職員培育術	林慶旺編著	180元
35.	自我介紹與社交禮儀	柯素娥編著	180元
36.	積極生活創幸福	田中真澄著	180元
37.	妙點子超構想	多湖輝著	180元
38.	說NO的技巧	廖玉山編著	180元
39.	一流說服力	李玉瓊編著	180元
40.	般若心經成功哲學	陳鴻蘭編著	180元

・精　選　系　列・大展編號 25

國家圖書館出版品預行編目資料

少林瘋魔棍法闡宗／馬　德　著
　　　──初版，──臺北市，大展，2004〔民93〕
　　　面；21公分，──（少林功夫；10）
　　　ISBN　957-468-267-6（平裝）

1.武術─中國
528.974　　　　　　　　　　　　　92018938

北京體育大學出版社授權中文繁體字版

少林瘋魔棍法闡宗

ISBN 957-468-267-6

編 著 者／馬　　德
責任編輯／佟　　暉
繪　　圖／王 春 成　劉　　燕
發 行 人／蔡 森 明
出 版 者／大展出版社有限公司
社　　址／台北市北投區（石牌）致遠一路2段12巷1號
電　　話／（02）28236031・28236033・28233123
傳　　眞／（02）28272069
郵政劃撥／01669551
網　　址／www.dah-jaan.com.tw
E - mail／dah_jaan@pchome.com.tw
登 記 證／局版臺業字第2171號
承 印 者／國順文具印刷行
裝　　訂／協億印製廠股份有限公司
排 版 者／弘益電腦排版有限公司
初版1刷／2004年（民93年）1月

定　價／250元